高等职业教育学前教育专业"理实一体化"

学前教育专业
师范生教育实践指导

陈松林 编著

南京大学出版社

图书在版编目(CIP)数据

学前教育专业师范生教育实践指导 / 陈松林编著
. — 南京：南京大学出版社，2021.6(2022.1重印)
ISBN 978-7-305-24585-5

Ⅰ. ①学… Ⅱ. ①陈… Ⅲ. ①学前教育—高等职业教育—教材 Ⅳ. ①G61

中国版本图书馆 CIP 数据核字(2021)第 122599 号

出版发行	南京大学出版社
社　　址	南京市汉口路 22 号　　邮　编　210093
出 版 人	金鑫荣
书　　名	学前教育专业师范生教育实践指导
编　　著	陈松林
责任编辑	丁　群　　　　编辑热线　025-83597482
照　　排	南京南琳图文制作有限公司
印　　刷	南京玉河印刷厂
开　　本	787×1092　1/16　印张 19.25　字数 469 千
版　　次	2021 年 6 月第 1 版　2022 年 1 月第 2 次印刷
ISBN	978-7-305-24585-5
定　　价	45.00 元

网址：http://www.njupco.com
官方微博：http://weibo.com/njupco
微信服务号：NJUyuexue
销售咨询热线：(025) 83594756

＊ 版权所有，侵权必究
＊ 凡购买南大版图书，如有印装质量问题，请与所购
　图书销售部门联系调换

序　言

　　实践教学是学前教育专业课程的重要环节，也是学生专业认知与发展的起始环节，旨在强化和提高学生的专业实践能力，为学生从事学前教育工作做好专业准备。为了贯彻落实国务院关于印发《国家职业教育改革实施方案的通知》、教育部办公厅关于印发《学前教育专业师范生教师职业能力标准（试行）》等文件精神，强化学前教育专业师范生实践技能培养，规范学前教育专业师范生实习过程的教学管理，提高学前教育专业人才培养质量，特编著出版《学前教育专业师范生教育实践指导》。

　　本书是一本将视线投向幼儿教师专业人生的起点——见习实习阶段教师专业成长的书，分为学前教育专业教育实践概述、幼儿教师职业素养、观摩见习指导、保育实习指导、教育实习指导、专题研习指导和幼儿园教师专业成长与规划七个部分。本书旨在以学生实践教学各阶段主要的教育实践活动为线索，将目标、内容、方法的理解与常见问题的解决和关键能力的提升相结合，并通过"任务窗"进行实践与反思，帮助学生建立从入校到专业学习及发展的档案，更为他们的入职与持续发展奠定高起点的成长基础。

　　本书的编写初衷就是为实习学生指点迷津，因此，编写上力求体现以下特点：

　　1. 内容全面。本书七个部分的内容涵盖了从事幼儿教育实践过程中涉及的关键阶段与要素，即教育实践概述、职业素养、观摩见习、保育实习、教育实习、专题研习和专业成长与规划，并按教育实践过程的逻辑来安排结构，依幼儿园教育实践的基本元素渐次展开。内容全面，标题直观，要求明确，指导具体，既以教师教育改革的理论为指导，又注重吸收和反映我国高等师范院校实践教学改革的新成果。

　　2. 体例创新。这是一本融幼儿园教育实践的指导性和反思性于一体的教材。在按教育实践过程的逻辑来安排结构的同时，根据需要巧妙切入"任务窗""相关链接""案例分享""温馨提示""现身说法""实习故事"等小栏目，将学与练、练与做、练与思结合起来，体例让人耳目一新。

　　3. 操作性强。本书以实践为导向，既有实践教学的具体指导方案，又有针对学生校内外实训中常见困惑与问题的对策；既有幼教政策法规的条文，又有实习生的亲身体会和感悟，还有阶段教育实践中应完成的任务卡。大量案例的融入和实践的贯穿，能引导学生主动参与实践活动，增强学生的实践性体验，突出师范生基本实践能力的培养，让"学""思""做"相互融合，弥合了理论与实践的鸿沟。

目 录

第一部分　学前教育专业教育实践概述 ··· 001
　一、学前教育专业教育实践的内涵 ·· 002
　二、学前教育专业教育实践的目标 ·· 003
　三、学前教育专业教育实践的意义 ·· 005
　四、学前教育专业教育实践的内容 ·· 006
　五、学前教育专业教育实践的准备 ·· 008

第二部分　幼儿教师职业素养 ··· 015
　一、幼儿教师职业道德 ·· 016
　二、幼儿教师关爱幼儿 ·· 021
　三、幼儿教师职业修养 ·· 023

第三部分　观摩见习指导 ··· 031
　一、观摩见习的意义与目标 ·· 032
　二、观摩见习的内容及关键能力 ·· 035
　三、常见问题与对策 ··· 084

第四部分　保育实习指导 ··· 090
　一、保育实习的意义与目标 ·· 091
　二、保育实习的内容及关键能力 ·· 095
　三、常见问题与对策 ··· 121

第五部分　教育实习指导 ··· 125
　一、教育实习的意义与目标 ·· 126
　二、教育实习的内容及关键能力 ·· 127
　三、常见问题与对策 ··· 221

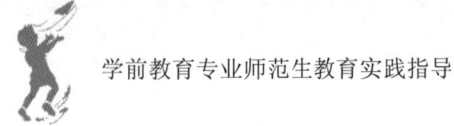

第六部分　专题研习指导 ·· 238
　　一、专题研习的意义与目标 ·· 239
　　二、专题研习的内容与关键能力 ·· 239

第七部分　幼儿园教师专业成长与规划 ·· 283
　　一、幼儿园教师的专业成长 ·· 284
　　二、个人专业成长规划 ·· 294

参考文献 ·· 300

第一部分 学前教育专业教育实践概述

情境导入→

最近,学前教育专业的沈娟同学就要去幼儿园进行专业实践了,但她却越来越焦虑。一想到马上就要去幼儿园,她有一肚子的疑问:教育实践有哪些内容?要完成什么目标?去幼儿园之前需要做什么准备?实践过程中有哪些需要注意的问题?……这些疑问都将在本章内容中得到解答。

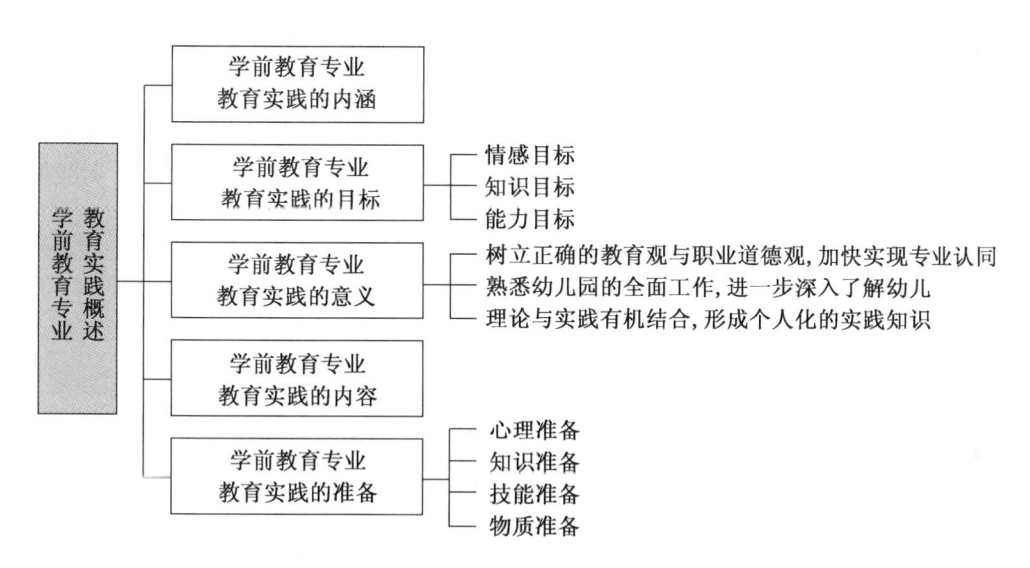

本章导学→

```
                ┌── 学前教育专业教育实践的内涵
                │
                │                              ┌── 情感目标
                ├── 学前教育专业教育实践的目标 ──┼── 知识目标
                │                              └── 能力目标
                │
学前教育专业     │                              ┌── 树立正确的教育观与职业道德观,加快实现专业认同
教育实践概述 ───┼── 学前教育专业教育实践的意义 ──┼── 熟悉幼儿园的全面工作,进一步深入了解幼儿
                │                              └── 理论与实践有机结合,形成个人化的实践知识
                │
                ├── 学前教育专业教育实践的内容
                │
                │                              ┌── 心理准备
                │                              ├── 知识准备
                └── 学前教育专业教育实践的准备 ──┼── 技能准备
                                               └── 物质准备
```

学习目标→

1. 理解学前教育专业教育实践的目标。
2. 掌握学前教育专业教育实践的内容。
3. 做好学前教育专业教育实践的准备。

根据学前教育专业的培养目标,教育实践活动是丰富学生实践经验、促进理论与实践相结合的重要环节。通过教育实践,学生可以进一步锻炼分析问题、解决问题的能力,了解幼儿园教育与改革的实践经验,获得教师职业的实际知识和能力,为今后顺利走上工作岗位打下良好的基础。

一、学前教育专业教育实践的内涵

2012年9月,教育部颁布《幼儿教师专业标准(试行)》,其中提出"能力为重"的教育理念,强调把"学前教育理论与保教实践相结合,突出保教实践能力""坚持实践、反思、再实践、再反思,不断提高专业能力""重视幼儿园教师职业道德教育,重视社会实践和教育实习";2018年11月,中共中央国务院出台的《关于学前教育深化改革规范发展的若干意见》中提出,要"完善学前教育教师培养体系,优化培养课程体系,突出保教融合,健全学前教育法规及规章制度,加强幼儿园保育教育实践类课程建设,提高师范生专业化水平";2021年5月,教育部颁布《学前教育专业师范生教师职业能力标准(试行)》,明确了学前教育专业师范生职业基本能力,即师德践行能力、保育和教育实践能力、综合育人能力以及自主发展能力,强调新时代教师培养要突出师德师风第一标准,细化师范生实践能力要求。这些政策文件的相继出台说明国家高度重视包括学前教育专业在内的师范生教育实践工作。

学前教育专业教育实践是学前教育专业人才培养的重要组成部分,是实现师范教育人才培养目标的关键环节,是师范生思想教育、文化知识、专业技能、教育理论的综合实践课程,是帮助学生深化专业知识理解、形成专业实践能力和实现专业情感认同的关键环节。教育实践主要包括观摩见习、保育实习、教育实习、专题研习等所有培养幼儿教师操作技能和教育智慧的实践活动。它为学生提供了一个与课堂截然不同的天地,对于学生了解幼儿教育、熟悉幼儿、巩固专业思想、提高从事幼儿保育和教育活动的综合实践能力具有特殊作用。

实习故事

我的实习感悟

在××幼儿园实习一个月,我对幼儿园工作的方方面面有所认识。时间不长,但对我们实践能力的提高、理论知识的充实,以及个人对幼教事业的认识都有很大促进作用。

通过实习,我更直接地接触幼儿园日常工作,更直接地与幼儿接触,这对于我们幼教学习者来说,无论是实践还是理论方面的学习都有很大的充实作用,更促使我们思考理论与实践相结合的问题。通过亲自带班实施教育活动,组织游戏与运动,我体会到作为一名幼教工作者该有多大的教育机智,这也是指导我今后学习的方向标。

通过实习,我感觉各方面的能力有很大提高,这也有赖于指导老师与幼儿园带班老师的批评指导,他们提出很多受用的宝贵意见,例如,在组织活动方面,在与幼儿交流方面,在独立实施教育活动方面,在处理幼儿小矛盾方面等。虽然实习让我体会了工作的艰辛,但也有乐趣,还能锻炼自己的能力,提高自己,所以心里很踏实。

在实习期间,欣喜自己取得了成绩。虽然每天都会碰到不同的情况,要处理一些新的小问题,但每一天我都在提高,就像老师说的那样:每组织一次活动都是你的成绩,因为你又多了几十分钟的经验。的确,时间越往后,处理有关问题就越娴熟,不像开始时那样盲目。

一个月的实习,与幼儿园的零距离接触,让我体会到这份事业的崇高,也使自己一些停留在表面的认识变得具体、深刻。每个孩子都是一朵含苞待放的花蕾,要做好一名优秀的园丁,得付出多大的努力啊,我还要继续努力。

二、学前教育专业教育实践的目标

教育实践目标既是教育实践活动的出发点,也是教育实践活动考评的归属。因此,确定明确而具体的教育实践活动目标,是教育实践活动规范化、标准化和制度化的重要保证。

总目标就是通过教育实践要达到的总标准。根据情感、知识和能力三项指标,具体表述为:

(一)情感目标

1. 贯彻习近平新时代中国特色社会主义思想,形成对中国特色社会主义的思想认同、政治认同、理论认同和情感认同。
2. 树立职业理想,立志成为有理想信念、有道德情操、有扎实学识、有仁爱之心的好老师。
3. 理解立德树人的内涵,形成立德树人的理念。
4. 具有依法执教意识,理解教师职业道德规范内涵与要求,具有高尚的道德品质和行为习惯。
5. 具有职业认同感,热爱教育事业,了解幼儿教师的职业特征,认同学前教育对幼儿发展的价值和意义,重视自身日常态度言行对幼儿发展的重要影响与作用。
6. 关爱幼儿,尊重幼儿人格和个体差异,富有爱心、责任心,工作耐心和细心,乐于为幼儿创造发展的条件和机会。
7. 仪表整洁,语言规范健康,举止文明礼貌,符合教师礼仪要求和教育教学场景要求。

(二)知识目标

1. 具备一定的科学和人文素养,具有艺术欣赏与表现、现代信息技术等通识知识。
2. 具备幼儿生长发育规律和保育要点、营养、日常卫生保健及疾控安全等保育知识,掌握面临特殊事件发生时保护幼儿的基本方法。
3. 掌握教育理论的基本知识、3～6岁幼儿身心发展特点与规律及促进幼儿全面发展的策略与方法等幼儿发展知识;了解有特殊需要幼儿的身心发展特点及教育策略,掌握随班就读的基本知识及相关政策。

4. 掌握幼儿健康、语言、社会、科学、艺术等领域教育的基本知识和方法,理解幼儿园各领域教育之间的联系。

5. 掌握意外事故和危险情况下幼儿安全防护与救助的知识。

6. 掌握幼儿心理健康教育的基本知识。

(三) 能力目标

1. 能够创设安全、适宜、全面,有助于促进幼儿成长、学习、游戏的物质环境,合理利用资源,为幼儿提供和制作适合的玩教具和学习材料。

2. 能够构建和谐的师幼关系,帮助幼儿建立良好的同伴关系,营造良好的班级氛围,让幼儿感受到安全、舒适。

3. 能够安排和组织幼儿园一日生活的主要环节,具有将教育渗透一日生活的意识,能够与保育员协同开展班级常规保育和卫生工作。

4. 能够合理、有效地规划和利用户内外游戏活动空间,提供丰富、适宜的游戏材料,引发和促进幼儿的游戏,满足幼儿游戏的需要,支持幼儿在游戏活动中获得身体、认知、语言和社会性等多方面的发展。

5. 能制定阶段性的教育活动计划和具体活动方案,运用各种组织形式和适宜的教育方式,为幼儿提供更多的操作探索、交流合作、表达表现的机会,支持和促进幼儿主动学习。

6. 能运用观察、谈话、家园联系、作品分析等多种方法,了解和评价幼儿。能够基于幼儿身心特点,利用技术工具分析幼儿学习过程、收集幼儿学习反馈,促进幼儿发展。

7. 能够在保教活动中有机融入社会主义核心价值观、中华优秀传统文化、革命文化和社会主义先进文化教育,为培养幼儿适应终身发展和社会发展所需的正确价值观、必备品格和关键能力奠定基础。

8. 能够抓住一日生活中的教育契机,开展随机教育,培养幼儿良好的生活习惯和亲社会行为,合理分析解决幼儿教育与管理实践相关问题。

9. 能够关注幼儿心理健康,及时发现和赏识每个幼儿的点滴进步,注重激发和保护幼儿的积极性、自信心,能够参与心理健康教育等活动。

10. 能够运用信息技术拓宽家园沟通交流的渠道和途径,积极主动与家长进行有效交流。

11. 能够初步掌握教育教学反思的基本方法和策略,能够对教育教学实践活动进行有效的自我诊断,提出改进思路。能用分析、研究幼儿教育实践问题,并尝试提出解决问题的思路与方法,具有总结和提升实践经验的能力。

12. 能够在教育实践、社会实践中与同事、同行、专家等进行有效沟通交流。

任务窗

任务卡 1-1　制定实践活动目标

根据本次实习活动的具体类型,为本次实习活动制定三维目标。

观摩见习	1.	
	2.	
	3.	
保育实习	1.	
	2.	
	3.	
教育实习	1.	
	2.	
	3.	
专题研习	1.	
	2.	
	3.	

三、学前教育专业教育实践的意义

师范生教育实践活动是一门具有师范性的综合实践课程,是幼儿师范教育的重要组成部分,在学前教育专业课程体系中占有重要地位,对检验学前教育专业学生能否成为合格的幼儿教师起着至关重要的作用。教育实践是为了更好地实现学前教育专业的培养目标,促进幼儿教师职业生涯的发展,其意义主要体现在三个方面。

(一)树立正确的教育观与职业道德观,加快实现专业认同

在教育实践过程中,通过深入学前教育第一线,与幼儿一起生活、游戏和成长,有助于增加学生对幼儿教师这项崇高职业的感性认识和经验,增强学生热爱幼儿、理解幼儿、尊重幼儿、关心幼儿的教育观念,丰富和加深学生热爱幼儿教育事业的情感,端正儿童观和教育观,进一步坚定职业信念,巩固学生的专业思想,从而更快地实现专业认同。在教育实践过程中所激发的对幼儿的热爱将转化为对幼儿教育事业的热情,引导他们积极投身于今后的专业学习和工作。

(二)熟悉幼儿园的全面工作,进一步深入了解幼儿

通过实习使学生全面了解幼儿园的保教工作,对幼儿教育有一个全面、客观的认识。

要了解幼儿教育、了解幼儿园、"读懂"幼儿,就必须走进幼儿园,参与亲自实践,深入到幼儿中,与他们接触,与他们互动,与他们交朋友,尝试在学习活动中做幼儿的支持者、合作者、引导者,然后逐渐进入幼儿的内心世界,教育实践就是学生从书本走进幼儿学习与生活,了解与"品读"幼儿的开端。

（三）理论与实践有机结合,形成个人化的实践知识

教育实践的过程就是使学生将教学过程中习得的知识和技能应用到自己的实践中去,协调学与用的关系,以学推用,以用促学,并在实践中逐步将知识技能转化为专业能力。通过教育实践,可以深入教育工作实际,掌握学前儿童的教育教学规律,把所学的基本理论、专业知识和技能综合运用于教育和教学实践中。在实践中学会组织幼儿园的教育活动、游戏活动及幼儿的一日生活活动;学会创设适宜的幼儿园环境;学会独立带班,并能有效地与家长进行沟通,培养其从事幼教工作的基本能力。

现身说法

听听实习生们是怎么说的:

"实习让我学到了很多书本上学不到的东西。"

"实习让我真正了解了幼儿园,了解了孩子,更明白了做一名幼儿园教师需要全方位的能力。"

"我更喜欢孩子了。"

"哦,我可爱的宝贝,希望明天快快来到,我又可以见到你们明媚的笑脸,听到你们美妙的声音。"

"从刚进幼儿园到现在,每天都让我觉得新鲜,都让我觉得有所收获,每天的一点一滴对我来说都是宝贵经验的积累。"

"记得第一次在大街上看到班上的小朋友,他热情地叫我'叶老师好',这件事让我逢人便说。"

"还记得第一次站在孩子面前,面对三十多双渴望的眼睛,心中像有好多小兔在跳。而现在我每天跟他们一起,每天和这么多的小眼睛交流,心中更多的是幸福。"

"长大,就是在点点滴滴的实习生活之中,蓦然回首才发现自己正在长大!"

四、学前教育专业教育实践的内容

学前教育专业教育实践是培养学生专业态度的重要方式,是将专业知识同教育实践相结合的有效途径,是提升学生专业能力的重要途径,也是落实培养目标和达成毕业要求的重要举措,是培养合格幼儿园教师的必经之途。教育实践的内容安排主要分为四个方面,按四个阶段纵向进行,每个阶段相互独立又相互依存。相互独立是指每一个阶段的教育实践具有独立的目标、内容、任务、方法、评估,自成一个独立的子系统;相互依存指每个阶段的实践目标、内容、任务、方法、考评具有衔接性与包容性,在实践过程中呈螺旋形式,很难将它们截然分开。

观摩见习的内容主要有：观察幼儿园及室内外环境布置；观察幼儿园一日活动流程（即一日生活常规）；观察并了解幼儿园教师在每一生活环节、游戏环节、教育环节中的工作内容及组织方法；初步熟悉幼儿，观察幼儿在日常生活、游戏活动、教育活动中的表现，了解幼儿的发展特点；观摩幼儿园教师和学生组织和各种教育活动。

保育实习的内容主要有：熟悉并掌握幼儿园一日活动中各环节保育工作的内容和方法；了解保育员主要岗位职责；培养良好的职业道德与修养，树立热爱幼儿、热爱幼教事业的思想；观摩幼儿园的基本教育教学活动和游戏活动，初步了解幼儿园的基本教学内容及教学形式与方法；参与幼儿园室内外环境的布置及节日和大型活动的组织与排演。

教育实习的内容主要有：通过设计、组织、指导幼儿园五大领域的教育教学活动、幼儿游戏活动和幼儿生活活动等，了解对幼儿进行全面发展教育的工作方法；熟悉幼儿园的一日常规工作以及家长工作，初步掌握教育幼儿的艺术；参与幼儿园室内外环境的设计与布置；掌握评价幼儿园教育教学活动的基本方法。

专题研习的内容主要有：观察幼儿的典型行为及个体差异，并做好观察笔记；用成长档案袋评价幼儿，给予幼儿观察与支持；掌握教研方法，撰写教育叙事，开展教育研究；做好情感管理。

各阶段教育实践内容既具有普遍的教育规律，又要兼顾学校各学期的教学情况和各幼儿园的实际特点的特殊性，因此，每阶段教育实践内容的制定主要是由幼儿师范学校、各实践班级与各幼儿园（实践基地）共同商讨确定。

任务窗

任务卡 1-2　实习阶段进度表

观摩见习	实习园所：						
	完成时间：	年	月	日—	年	月	日
保育实习	实习园所：						
	完成时间：	年	月	日—	年	月	日
教育实习	实习园所：						
	完成时间：	年	月	日—	年	月	日
专题研习	实习园所：						
	完成时间：	年	月	日—	年	月	日

五、学前教育专业教育实践的准备

（一）心理准备

学生进行教育实践过程中，将经历一个从学习者到教授者、从学生到老师、从依赖者到决策者、从被动到主动的角色变化，这个变化有时会让学生难以适应，面对幼儿往往手足无措，不知从何做起。要解决这个问题，需要学生做好专业教育实践前的心理准备。

1. 明确角色

作为一名师范生，教育实践是学生角色向教师角色转变的必经之路，因此，要尽快明确自己的新角色。

(1) 对于幼儿来说，实习生是幼儿生活的照料者和学习的引导者

实习过程中，实习生在幼儿面前承担着教师的角色，是幼儿的照料者、支持者、引导者和合作者。《幼儿园教育指导纲要（试行）》要求教师必须以"支持者、合作者和引导者"的角色与幼儿互动、交往，倡导"形成合作的探究式的师幼关系"。这就要求实习生做好角色转换的充足准备，面对幼儿时，将自己从"学生"的身份角色中抽离出来，以"教师"的身份做好保育幼儿，支持、引导幼儿游戏与学习的准备。

为从容应对角色身份的转变，避免在教育实习过程中心理紧张，工作手忙脚乱，在教育实习之前可以和同学之间进行"情景模拟演练"，选择幼儿园教育过程中常见的一些场景，分别扮演教师、幼儿进行情景模拟，并进行自我评价和互相评价。在情景模拟演练的过程中，慢慢体会幼儿教师的角色，并注重运用所学的专业知识来解决实践当中的问题，这也有助于以后进入幼儿园教育实践后缓解紧张的心理，适应自己的新角色。

(2) 对原班级教师来说，实习生是汲取实践经验的学习者

与在校学习相比，实习为学生提供了真实、全面接触了解幼儿的机会，为学生提供了真实的岗位工作环境，在实习中，学生要做的是将理论联系实际，应用所学专业知识来设计与实施教育活动，和幼儿一起解决生活、学习、游戏中的问题，为幼儿创设适宜学习与探索的环境，支持与引导幼儿的主动探究，获取与丰富自己的实践经验，积累教育智慧。实习是一次尝试，具有丰富经验的原班教师会通过示范、教研、听课评课等多种方式帮助实习生进步。因此，实习生要确立一种学习者的意识，明确自己是一位积累实践经验的学习者。

在与原班教师相处过程中，要端正学习态度，积极主动与主班教师、配班教师和保育教师交流，自觉遵守班级的各项规章制度。对于自己不理解、不清楚的问题主动求教，不要被动等待指导教师提出要求，对于自己实习过程中存在的问题要虚心接受指导意见，在不断学习与尝试中提升自己的适岗能力。好学、善学是一个优秀的教育实习生应该具备的品质。

(3) 对于家长来说，实习生是幼儿教育的合作者

《幼儿园教育指导纲要（试行）》中曾明确指出："家庭是幼儿园重要的合作伙伴。应本着尊重、平等、合作的原则，争取家长的理解、支持和主动参与，并积极支持、帮助家长提高

教育能力。"在实习生进入班级之后,家长就会将实习生视为幼儿的教师,视为幼儿园的工作人员,实习生的一言一行、一举一动都代表着幼儿园的教师角色,因此实习生要严格要求自己的行为规范,同时,应留心观察幼儿园原班教师与家长沟通交流的技巧,丰富自己关于幼儿学习与发展方面的知识,积累经验,逐渐形成与家长之间平等、尊重、相互支持的合作关系,共同帮助幼儿更好地成长发展。

2. 适应环境

(1) 物质环境的适应

为实现教育实习的目的,使自己各方面能力得到提升,在实习前要对将要实习的幼儿园和班级有充分的了解。对实习幼儿园的了解不仅要知道幼儿园所在位置、规模、园所教学环境等,还要了解幼儿园的办园理念和办园特色。办园理念是幼儿园文化的核心,办园特色是幼儿园在长期发展过程中形成的具有标志性意义的教育个性,了解幼儿园的办园理念与办园特色可以帮助学生熟悉幼儿园的文化体系,以便更好融入。幼儿园的规章制度是为了实现幼儿园教育目标,对幼儿园各项工作和对各类人员的要求,是必须遵守的行为准则和工作规程。学生作为幼儿园的一员,需要了解并遵守幼儿园的各项规章制度以规范和约束自己的行为。除此之外,为保证实习顺利进行,学生也应该全面了解实习班级的基本情况,包括实习班级的原任教师、幼儿的基本情况、实习班级的班级常规要求等。在进入实习园所之前,学生可以上网搜索实习园所的相关信息,以便熟悉实习环境。班干部应在学校的统一安排下,提前和实习园所的园长、原班级教师联系沟通,了解清楚实习期间园所对实习工作的安排和要求,并及时传达给班级同学。

(2) 生活方式的适应

离开原来的学校,进入幼儿园中,生活节奏由原来的平稳安定转变为紧张竞争;从拥有老师、同学的关怀转变为更多依靠自己来选择、思考和决策,大多数学生会明显感到实习不如上课好,当老师不如当学生自在。刚进入幼儿园有这种心态很正常,但要迅速根据环境的变化做出相应的调整,适应新的生活方式。要意识到目前的困难是暂时的,万事开头难,只要适应了新的工作状态,对以后的生活就能有更好的掌控。

(3) 人际关系的适应

进入幼儿园,不仅是踏入一个新的学习、生活环境,更是进入一个崭新的人际环境。在幼儿园,交往的对象变了,人际关系也会复杂很多。

第一,作为教师,要处理好与幼儿的师生关系。要尽量了解班级里每一个幼儿的个性和特点,喜欢幼儿爱在心里,不要表现出过分的亲昵,更不要与幼儿较劲,要多包容、理解幼儿,接纳不同特点的幼儿,不要对幼儿存在偏见。与幼儿交流时,耐心倾听幼儿,回应幼儿时语气亲切,语句简洁,语义表达清晰,不要说反话,让幼儿喜欢自己,才能创建融洽的师生关系。

第二,作为同事,要处理好与幼儿园的其他老师的关系。要学会发现别人的优点,夸奖别人的优点,不论同事在幼儿园中的职位如何,都要以诚相待,尊重他人。与同事沟通中要注意倾听对方的语言,弄清楚对方想要表达的意思,正确解读语义,避免造成误解。尤其当同事提出自己的问题和缺点时,要虚心接纳别人的观点和意见,要明白大家都是为了把工作做好,不会随意针对任何人。

第三，作为教师，要处理好与家长的关系。在与家长进行沟通前，一定要学习班级原任教师与家长沟通的主题与谈话技巧。面对家长时，既不要因为自己是新手教师而感到紧张、羞怯，也不要因为自己是专业教师而高高在上，本着相互尊重、互相支持的原则，真诚礼貌地和家长沟通幼儿的在园情况，多倾听家长的想法，悉心揣摩家长的真实意图，并将和家长的沟通情况向班级原任教师汇报，以便原任教师了解家长的想法，也可以请原任教师对自己与家长的沟通情况进行指导。面对家长要调整好自己的情绪，主动和家长交流孩子在幼儿园的生活和学习情况，多表扬孩子的进步，多用教育理论分析幼儿的日常行为，多用专业知识赢得家长的信任。

第四，作为同伴，要处理好与其他实习生的关系。与实习同伴之间的交往要真诚，相互理解与尊重。教育实习期间，多与同伴之间交流实习情况，分享经验，相互鼓励。耐心倾听同伴的倾诉，换位思考体验对方的感受，不故意制造矛盾纠纷，多关注双方在专业上的成长。

3. 主动学习

学生在幼儿园一定要主动学习、主动思考、主动尝试、主动争取机会，这样才能有效利用教育实践的机会获得自身的成长。工作的时候要提前准备，有事抢着做。要主动要求尝试组织一日生活中的某个或多个环节活动，要主动向指导教师学习宝贵的教学经验和独特的教学特色，勇敢表达自己对工作的想法。遇到不明白的地方要主动提问，积极思考。遇到事情多考虑为什么，碰到问题多思考解决之道，及时总结，不断反思，才能有专业上的进步。在实习实践过程中，可以先模仿、学习其他老师的做法，然后尝试应用于自己的教学实践中，应用得好要及时总结经验，应用得不好要反思原因，进一步思考和尝试用其他方式解决，再在实践中检验，如此才能得到真正的经验。

4. 正视挫折

学生在教育实践过程中必然会遇到不同程度的挫折，这些往往是在学校生活中没有经历过的。面对挫折，一定要摆正心态，正确归因，理性分析自己的优势和不足。要认识到作为实习生，必然缺乏经验和方法，通过时间的积累和熟练度的提升，很多困难自然迎刃而解。遇到无法解决的困难和难以克服的挫折时，要主动向同事和老师求助，以取得他人的支持和帮助。要相信只要付出更多的努力，一定会不断提高自身的能力和水平。

拓展阅读

实习生守则

1. 实习目的要明确，态度要端正。在实习期间，必须自始至终保持充沛精力，专心致志地完成实习的各项具体任务，服从学校指导老师、幼儿园领导和老师的指导。

2. 严格保证实习时间。实习生请假必须经过实习指导老师、原任老师和园长的批准。不经同意不能离开实习岗位。因急病、急事不能亲自请假时，应及时请人转告幼儿园原任老师。请假一天或一天以上需经过学校教务科批准。实习期间，请假超过二天者，取消实习成绩。

3. 尊重双方指导教师和幼儿园其他工作人员，虚心接受他们的指导，对实习幼儿园工作的意见和建议，必须通过带队老师反映，不得随便议论。

4. 严格遵守考勤制度，不迟到、不早退、不旷工，按时上下班。上班时间不做私事，不因私事打电话，不会客，不随便离园，也不得将其他人员带入幼儿园。晚上未经批准，不得外宿和超时回园或回校。

5. 服从领导，自觉遵守学校和实习幼儿园的各项规章制度，积极为幼儿园做好事。

6. 注意精神文明。严格遵守实习生行为规范，尊敬师长，礼貌待人，仪表端庄，发型大方，衣着整洁、朴素。不化妆，不戴首饰，不穿高跟鞋、硬底鞋。言谈举止要为人师表，做幼儿的表率。

7. 发扬互帮互学和集体主义精神。实习生之间要加强团结，互相支持，相互配合，齐心全力，争取圆满完成实习任务。

8. 实习期间，实习生的主要任务是观察，并做认真、仔细的记录。实习期间，不能影响保教人员的正常工作和幼儿正常的活动（如进出活动室不能大声喧哗等）。

9. 实习期间，不能长时间离开观察现场，不准看书报，不准闲聊天，不准吃零食，不准玩幼儿园的大型玩具等。对幼儿不能偏爱，不能随便议论。

10. 除在实习幼儿园进行实习工作外，其余时间不得擅自外出；及时整理观察记录，按时完成实习的各项作业。

11. 爱护幼儿园公物，各种物品用后放回原处，保持幼儿园环境的整洁。凡借幼儿园或学校的用具、资料、材料等，应如期归还，如有损坏或遗失应按有关规定赔偿。

（二）知识准备

幼儿园教师必备的专业知识是以《幼儿园教师专业标准（试行）》为依据的，专业知识是《幼儿园教师专业标准（试行）》中三个基本内容之一，也是学生在专业教育实践过程中必须积累和转化的重要内容。专业知识的准备为学生的实习实践提供了一种知识背景，引导学生按照教育规律实践教学，使教育行为有一定的条理性，带着专业意识和专业眼光参与专业实践活动。

《幼儿园教师专业标准（试行）》中明确提出幼儿教师的专业知识包括幼儿发展知识、幼儿保教知识及通识性知识三种类别。

1. 幼儿发展知识

幼儿园教育要尊重幼儿学习与发展的客观规律，保护幼儿与生俱来的好奇心和渴望学习的宝贵天性，珍惜幼儿生活的独特重要价值。幼儿在发展水平、能力、经验、学习方式等方面存在着个体差异，需要成人接纳和尊重。所以掌握必需的幼儿发展知识是幼儿教师在教育教学实践中必不可少的重要内容。幼儿发展知识具体包括以下五个方面：

（1）了解关于幼儿生存、发展和保护的有关法律法规及政策规定。

（2）掌握不同年龄幼儿身心发展特点、规律和促进幼儿全面发展的策略与方法。

（3）了解幼儿在发展水平、速度与优势领域等方面的个体差异，掌握对应的策略与方法。

（4）了解幼儿发展中容易出现的问题与适宜的对策。

（5）了解有特殊需要的幼儿的身心发展特点及教育策略与方法。

（6）掌握幼儿心理健康教育的基本知识。

2. 幼儿保教知识

（1）熟悉幼儿园教育的目标、任务、内容、要求和基本原则。

（2）掌握幼儿园各领域教育的学科特点与基本知识。

（3）掌握幼儿园环境创设、一日生活安排、游戏与教育活动、保育和班级管理的知识与方法。

（4）熟知幼儿园的安全应急预案，掌握意外事故和危险情况下幼儿安全防护与救助的基本方法。

（5）掌握观察、谈话、记录等了解幼儿的基本方法和教育心理学的基本原理和方法。

（6）了解0～3岁婴幼儿保教和幼小衔接的有关知识与基本方法。

3. 通识性知识

幼儿园教育内容是广泛的、启蒙性的，幼儿的学习是综合的、整体的，这就要求幼儿教师具备广博的知识。通识性知识需要学生长时间的积累，通过大量的阅读、体验、反思和总结，不断提高自身的科学文化素养。通识性知识具体包括以下四个方面：

（1）具有一定的自然科学和人文社会科学知识。

（2）了解中国教育基本情况。

（3）具有相应的艺术欣赏与表现知识。

（4）具有一定的现代信息技术知识。

（三）技能准备

这里主要是指教育教学工作能力方面的准备。多年来的教育实践表明，实习生从事教育教学工作的能力还较差，尤其缺乏开展保教工作的操作技能。因此，在阶段教育实践开始之前，有必要做好能力方面的考查和补救工作，尤其是保育实习和教育实习前夕，应以能力为本位，以《幼儿教师专业标准（试行）》和《学前教育专业师范生教师职业能力标准（试行）》为参照，有针对性地进行保育和教育实践能力的训练和考核，形成学生自觉地进行职业教育技能训练机制。

1. 技能分类

（1）保育技能

① 生活管理技能是保育员在实际工作中必须掌握的最基本的保育工作操作技能。保育员只有娴熟的掌握一定的生活管理技能，才能真正履行保育工作职责，达成保育工作要求。生活管理技能主要包括教幼儿穿脱衣服和鞋袜、洗手、如厕、进餐、饮水和睡眠等技能。

② 安全工作技能是针对幼儿运动技能不完善，缺乏生活经验和安全意识，缺乏自我保护能力以及好奇、好动、活泼、易冲动的特点而提出并要求保育员掌握的措施，主要包括对一般性擦伤、鼻出血、咽喉异物、挫伤和扭伤、虫咬伤、烧伤和烫伤、脱臼、骨折的预防和处理。

(2) 教育技能

① 一般教育技能是指教师指导幼儿日常活动所必备的技能。包括倾听、讲述、朗诵、唱歌、跳舞、绘画、弹奏、制作和三字一话等技能。

② 基本教育技能是指教育活动实施阶段教师行为的基本要素。包括活动的导入技能、讲解技能、提问技能、演示技能、引导技能、衔接技能、强化技能、多媒体(信息技术)运用技能和结束技能。

③ 综合教育技能是协调、整合一般和基本技能的教育行为。包括教育活动的设计与组织技能、班级管理技能、沟通与应变技能、分析与评价技能、信息获取与资源利用技能、家长工作与人际交往技能、创新能力、自主发展能力等。

2. 技能训练

(1) 单项技能训练与综合技能训练相结合

从单项技能入手,运用微格教学的方法,一次集中训练一种或两种技能。当每种技能都达到基本要求以后,再把它们整合起来,统一到幼儿园教育活动的设计和指导之中,进行综合技能训练,有效形成学生整体的教育能力。

(2) 局部练习和整体练习相结合

每个单项技能是由若干要素(如类型、方法、技巧等)构成的,训练时可采取先对各要素进行局部练习,然后合起来进行整体训练的方式,以促进学生将每项技能掌握到位。

(3) 感知、模拟、反馈训练相结合

每项技能的训练可遵循"学习—实践—反馈"的过程循环往复,通过观摩影像示范或现场示范、进行角色扮演、模拟演示或运用影像、通过讨论进行反馈评议的方式,融感知练习、模仿练习和评价练习于一体,提高学生的诊断、鉴赏和创新能力。

(4) 模拟训练与教育实践相结合

一般教育技能和基本教育技能的训练,多采用模拟训练的方式进行。让学生通过扮演"教师"角色,把自己对某项技能的理解用行动表现出来,能发挥学生的主体作用。综合教育技能训练则注重与教育实践相结合,主要通过开设"幼儿园教育活动设计与指导"课外活动进行训练,定期组织学生到幼儿园开展教育实践活动,给学生带来许多直接参与实际教学的机会,刺激学生主动学习和探究,发挥他们的主体性。

(5) 导练与自练相结合

学生掌握教育技能,需要教师导练引路,但关键还在于自己肯下功夫。因此,要鼓励学生结合自己的特点进行有针对性的训练。

(四) 物质准备

充分的物质准备是顺利开展教育实践活动的物质保证。物质准备的含义较为广泛,其中,教育实践所需要的材料,是不可忽视的一个重要方面。这些材料主要包括以下几类:

1. 学习用书。包括幼儿园教材、《幼儿园工作规程》、《幼儿园教育指导纲要(试行)》、幼儿教育杂志及参考书等。

2. 教学用具。包括教学挂图、模型、标本、图片、卡片、幻灯片、插入教具、桌面材料、玩偶、音乐、视频及自制的多媒体课件等。

3. 其他用品。包括图画纸、画笔、广告色、胶纸、备课本、听课记录本等。

第一类用品是每个人必备的。第二、第三类用品,可根据条件来准备,其中有些可根据各阶段教育实践的中心任务及实践园所的需要进行分配和调节,有些可在实践园所中轮流使用或向实践园所借出使用。

上述用品的使用,必须建立严格的领借、归还手续,有些教学用具必须专人保管、专人负责、专人使用,防止损坏丢失。教育实践结束后,应立即将借出用品收回,清点入库。

温馨提示: 作为要经常接触幼儿的幼儿园教师,为了避免对孩子造成疾病传染的情况,学生在进入幼儿园实习前必须按照幼儿园的要求在指定卫生部门进行体检,体检合格后方可进入幼儿园实习。

任务窗

任务卡 1-3　做好实习准备

实习时间			
观摩实习	保育实习	教育实习	专题研习
实习单位			
观摩实习	保育实习	教育实习	专题研习
实习准备			
观摩实习	保育实习	教育实习	专题研习
心理准备: 知识准备: 技能准备: 物质准备:	心理准备: 知识准备: 技能准备: 物质准备:	心理准备: 知识准备: 技能准备: 物质准备:	心理准备: 知识准备: 技能准备: 物质准备:
实习生签名:			

第二部分 幼儿教师职业素养

情境导入 →

学生李雪在进入幼儿园之前就听很多人说:"幼儿园的老师起得比鸡早,下班比狗晚,挣钱比民工少,看上去比谁都好,五年后比谁都老!说白了就是照护孩子吃喝拉撒的廉价保姆。"这样的印象让李雪一直苦恼毕业后是否真的要从事幼儿教师这份职业。可是面对孩子们的可爱天真,她又非常期待,期待自己能陪伴这些"小可爱"健康成长。现在她准备真正进入幼儿园见习了,幼儿教师到底是怎样的工作状态,她的职业信念又会发生怎样的改变呢?

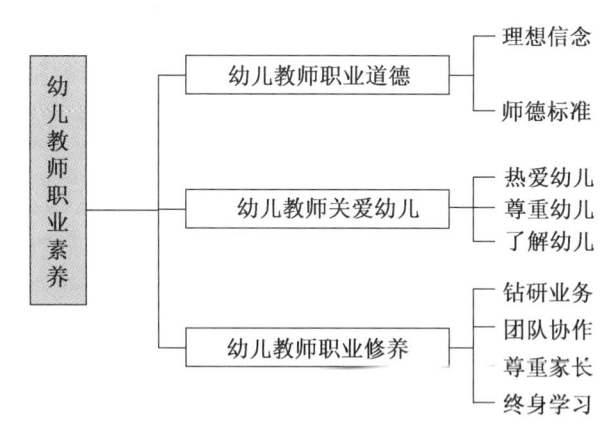

本章导学 →

```
                          ┌─ 理想信念
          ┌─ 幼儿教师职业道德 ┤
          │                └─ 师德标准
          │
          │                ┌─ 热爱幼儿
幼儿教师职业素养 ┼─ 幼儿教师关爱幼儿 ┼─ 尊重幼儿
          │                └─ 了解幼儿
          │
          │                ┌─ 钻研业务
          │                ├─ 团队协作
          └─ 幼儿教师职业修养 ┤
                           ├─ 尊重家长
                           └─ 终身学习
```

学习目标 →

1. 树立师德为先的理念,掌握幼儿教师职业素养的重要组成部分。
2. 做好实习前幼儿教师职业道德修养的自我评价。
3. 分析自己幼儿教师职业道德修养的各个指标。

教师是教育发展的第一资源,是国家富强、民族振兴、人民幸福的重要基石。中共中央、国务院要求各级党委和政府要从战略和全局高度充分认识教师工作的重要性和紧迫性,把全面加强教师队伍建设作为一项重大政治任务和根本性民生工程切实抓紧抓好。2019年教育部等七部门印发了《关于加强和改进新时代师德师风建设的意见》(以下简称《意见》)的通知,其指导思想以习近平新时代中国特色社会主义思想为指导,深入学习贯彻习近平总书记关于教育的重要论述和全国教育大会精神,把立德树人的成效作为检验学校一切工作的根本标准,把师德师风作为评价教师队伍素质的第一标准,将社会主义核心价值观贯穿师德师风建设全过程,严格制度规定,强化日常教育督导,加大教师权益保护力度,倡导全社会尊师重教,激励广大教师努力成为"四有"好老师,着力培养德智体美劳全面发展的社会主义建设者和接班人。

《意见》指出要"将师德师风教育贯穿师范生培养及教师生涯全过程,师范生必须修学师德教育课程,在职教师培训中要确保每学年有师德师风专题教育。""经过5年左右努力,基本建立起完备的师德师风建设制度体系和有效的师德师风建设长效机制。""全社会对教师职业认同度加深,教师政治地位、社会地位、职业地位显著提高,尊师重教蔚然成风。"

"师德为先"作为《幼儿园教师专业标准(试行)》的重要组成部分,是每一个幼儿园教育实践工作者的基本道德准则,本部分将全面介绍幼儿教师道德素养,指导学生在进行教育实践时成为一名"有理想信念、有道德情操、有扎实学识、有仁爱之心"的幼儿园准教师。

一、幼儿教师职业道德

热爱学前教育事业,具有职业理想,践行社会主义核心价值体系,履行教师职业道德规范。关爱幼儿,尊重幼儿人格,富有爱心、责任心、耐心和细心;为人师表,教书育人,自尊自律,做幼儿健康成长的启蒙者和引路人。师德为先是幼儿园教师最基本、最重要的职业准则和规范,每一位教师都必须做到热爱学前教育事业,关爱幼儿,尊重幼儿,为人师表,教书育人,担当起幼儿健康成长的启蒙者和促进者的责任。

师德是幼儿教师应具备的职业素质的重要组成部分,它是教师在从事教育行业中必须遵守的道德规范、行为准则、情操和品质。教师所从事的职业是塑造人的事业,教师道德素质比教师文化素质更为重要。具备高尚的道德情操,热爱本职工作,爱岗敬业,保教并重,用师德规范自己的行为,才能成为一名合格的幼儿教师。

➢ 任务窗

任务卡 2-1　师德修养自评

结合现有的经验,你认为幼儿园教师师德修养应具备哪些内容?在正式进入幼儿园之前评价一下自己的师德修养。

	幼儿园教师应具备的师德修养	自己师德修养评价
热爱学前教育事业		
关爱幼儿		
为人师表		
教书育人		
高尚情操		

(一) 理想信念

科学家巴斯德说过:"立志、工作、成功,是人类活动的三大要素。立志是事业的大门,工作是登堂入室的旅程,这旅程的尽头就有成功在等待着,来庆祝你努力的结果。"这段话生动地指出了职业理想和信念追求与事业成功的关系。具有崇高教育理想和远大抱负,并能艰苦奋斗、脚踏实地工作的教师,才能享受到事业成功的喜悦。教师对教育理性和信念的追求决定着其一生事业的成败。

理想是人们以一定的理论和现实为依据,对未来美好目标的向往和追求;信念则是人们在某种理想的长期追求实践中形成的坚定不移的精神状态,它是知、情、意、行等心理要素的有机结合。

理想、信念是统帅人们灵魂的精神支柱。坚定的理想、信念是师德修养的内在动力,又是做人的浩然正气。"育人造士,为国之本",每一个教师都负载着民族的希望,都应该把自己的理想信念融入现实的幼儿园教学工作之中。教师对教育理想和信念的追求是成就事业的力量源泉。教师对职业理想和信念的追求是通过个人职业活动的行为方式,反映出与一定社会文化相融合的高尚的职业道德,表现为既反映时代特征,又具有鲜明个性特点的教育理想。

1. 爱国爱党

爱国爱党是幼儿教师职业的基本要求。热爱祖国,热爱人民,拥护中国共产党领导,拥护社会主义。全面贯彻国家教育方针,自觉遵守教育法律法规,依法履行教师权利。不得有违背党和国家方针政策的言行。幼儿教师所肩负的培养全中国幼苗的特殊使命,是基础教育的基石。幼儿教师应树立远大科学的社会理想和信念,热爱祖国,热爱人民,走在时代潮流的前面。新世纪的人民教师要自觉加强学习,进一步坚定建设中国特色社会主义,实现共产主义的理想和信念,追求崇高的人生目标,为幼儿的爱国爱党情感培养起着模范带头作用。幼儿教师爱国爱党需要做到:

(1) 坚决拥护中国共产党的领导,理解中国特色社会主义道路与制度的内涵,深刻领会习近平新时代中国特色社会主义思想。

(2) 传承与弘扬中华优秀传统文化,树立文化自信;学习和理解中国特色社会主义核心价值体系,践行社会主义核心价值观。

(3) 增强国家意识,树立总体国家安全观,自觉维护国家主权、安全、发展利益,坚决反对一切分裂祖国、破坏民族团结和社会和谐稳定的行为;理解和尊重各民族的政治、经济、文化和传统习俗。

(4) 培养法治精神与法治意识;明确中国方案、中国成就与世界发展的关系。

任务窗

任务卡 2-2

结合现有的经验,对自己的爱国爱党职业道德进行评价。

	自我评价	教师评价
热爱中国共产党		
坚持中国特色社会主义道路		
传承中华文化		
践行社会主义核心价值体系		
维护国家利益		
具备法治精神和意识		

2. 爱岗敬业

爱岗敬业是教师职业的本质要求，是幼儿教师做好本职工作的思想基础。爱岗敬业要求教师热爱事业，对自己所从事的事业要有高度的责任，忠诚于人民教育事业，脚踏实地、默默奉献，真正做到对孩子负责。志存高远，勤恳敬业，甘为人梯，乐于奉献。幼儿教师爱岗敬业需要做到：

（1）忠诚党和人民的教育事业，热爱教育，富有教育理想，有强烈的教育使命感、责任感和明确的职业发展目标。

（2）遵循教育规律，恪尽职守，坚持立德树人，关爱生命成长，为幼儿的终身可持续发展奠基。

（二）师德标准

1. 为人师表

幼儿园教师是孩子的第一任老师，也是幼儿模仿和仰慕的对象，因此幼儿教师自身的日常态度和言行，将对幼儿的成长与发展产生深远的、重要的影响。幼儿教师的仪表和风度要符合教师职业的道德要求和审美标准。幼儿教师的仪表风度是指她的言谈举止、待人接物、步态手势、面部表情以及衣着仪容等方面的文明行为，是内心美的外在表现，它是教师个人道德情操的反映，直接对教育工作和幼儿的心灵产生影响，时刻都在对幼儿起着潜移默化的作用。

在态度和表情上，教师要宽厚善良、和蔼亲切、情绪饱满、豁达大度、有亲和力，既不能疾言厉色、粗暴苛刻，也不能愁眉苦脸、神情忧郁。其中幼儿园教师的微笑是在教育教学中的重要体态语，是一种重要的教育资源和教育力量。教师微笑着面对幼儿，能给幼儿一种宽松的师生交往人际环境，能使幼儿感受到教师的理解、关心、宽容和激励。教师要笑得自然,笑得真诚,注意声情并茂,气质优雅,表现和谐。

仪表端庄,言行得体。教师的仪容仪表最直接地反映了教师的道德面貌和审美情趣,对学生具有重要的道德意义和审美价值。幼儿园教师的服饰要符合教师的职业形象,要衣着大方,不穿露肩及其他不适合教育活动的服装;进班不穿高跟鞋,不披长发,不戴首饰,不蓬头垢面、浓妆艳抹、发式奇异。只有这样,幼儿教师才有利于树立自己的完美形象,给幼儿以良好的精神感染。

语言是教师传道、授业解惑的重要工具。没有语言,怎么能当好儿童的指路明灯?所以教师要提高自己语言修养,掌握语言技能,为幼儿树立一个好榜样。幼儿教师要使用符合幼儿年龄特点的语言进行保教工作。幼儿园教师的语言应该规范、文雅、文明、亲切;应讲普通话,不使用方言;言简意赅,精确清晰,合乎逻辑;生动而有美感,话语抑扬顿挫,轻声悦耳,流畅自然,速度适中;对幼儿使用正面语言,不要当面批评幼儿,不训斥幼儿;公共场合不大声喧哗嬉笑;不随便打断别人的讲话;与别人通电话时,应压低嗓音交谈;开门、关门及其他活动的声音要轻;进餐时,不要口含食物交谈;不能用刻薄蛮横的话语伤害幼儿。幼儿教师为人师表需要做到:

(1)引领道德风尚,彰显职业尊严,发挥示范、榜样作用,坚持以德育德。

(2)能在教育教学中注意言行举止,以身作则,潜移默化地影响幼儿。

任务窗

任务卡 2-3 列举你为下园见习所做的仪表准备

仪表准备项目 (用图片呈现)	自己	观摩到的幼儿教师
头发		
指甲		
衣着		
鞋子		
言谈		
表情		

2. 廉洁从教

廉洁是教师立身之本,所谓廉洁从教,是指教师在整个从教生涯中都要坚持执行廉洁公正的原则,不贪学生及家长的钱物,不贪占公共和他人的钱物,不染社会上出现的一些贪、贿、欲等恶习,始终以清廉纯洁的道德品行为学生和世人做出表率。"廉洁从教"不仅是国家和人民对教师的严格要求,也是教师"教书育人"的人格前提和品德基础。幼儿教师一定要廉洁从教,正确处理事业与利益的关系,这是教育事业的性质和教师的职业理想对教师提出的特殊要求。例如,针对一些家长逢年过节爱宴请老师或向老师赠送礼品财物以表示感谢的现象,许多幼儿园要求老师们签订承诺书,向社会、幼儿和家长郑重承诺:为人师表,爱生如子,无私奉献,廉洁自律,自觉抵制社会上一切不正之风。讲学习、讲正气、讲奉献,坚决拒绝家长的宴请,拒收家长的钱物,不委托家长办私事。用我们高尚的情操塑造幼儿美好的心灵。用我们无私奉献的精神托举起明天的太阳!

幼儿教师廉洁从教应该做到:

(1) 遵守国家法律法规,自觉普法、学法、守法、用法;遵守教育教学规范,切实做到依法执教。

(2) 言行一致,信守承诺,积极承担责任、履行义务。

(3) 严于律己,清廉从教,自觉抵制不良诱惑。

二、幼儿教师关爱幼儿

幼儿教师的儿童观是一种以意识或潜意识的形式存在,它能够深刻影响教师教育教学实践行为的内在认识,所以树立积极的儿童观是幼儿教师自我矫正自身教育行为的前提条件,也是保证学前儿童教育实践顺利进行的思想保障。

(一) 热爱幼儿

《幼儿园工作规程》中明确指出,幼儿园教师要热爱幼儿,关心、爱护每一位幼儿。幼儿时期是身心发展最为迅速和稚嫩的时期,有了成人的关心和爱护才能保证孩子的安全和健康的成长。幼儿园教师应尊重幼儿权益,以幼儿为主体,充分调动和发挥幼儿的主动性;遵循幼儿身心发展特点和保教活动规律,提供适合的教育,促进每个幼儿生动、活泼、主动地发展,保障幼儿快乐全面健康地成长。幼儿教师热爱幼儿需要做到:

(1) 爱字当头,严格要求,把严和爱统一起来。

(2) 支持和帮助有特殊需要的学生,关注个体差异,相信每名幼儿都有发展的潜力,包容和谅解幼儿的缺点和不足,积极预防和正确处理幼儿的不当行为,乐于为幼儿创造发展的条件和机会。

(二) 尊重幼儿

每个幼儿都是独立的主体,他们有独立的人格,有被爱、被肯定、被尊重的心理需要。教师要尊重幼儿,平等地对待每个幼儿,充分认识心理伤害的严重后果。教育必须坚持因材施教,实现每个儿童"个人的""自由的""充分的"发展,就是要根据每个幼儿的兴趣、爱好、个性特点以及个人的发展需要"因材施教",真正实现全面发展的教育目标,切不可"一刀切"。幼儿有自己独立的人格和自尊,因为每个孩子都是一个独立的社会个体,爱孩子就要尊重孩子,保护幼儿合法权益;不讽刺、挖苦、歧视幼儿,不体罚或变相体罚幼儿;尊重幼儿的人格、个性和自尊心,保护幼儿合法权益,促进幼儿全面、主动、健康发展。幼儿教师尊重幼儿需要做到:

(1) 以宽容、体谅的态度对待幼儿,能够换位思考;尊重幼儿的文化、民族等成长背景的差异。

(2) 保护和尊重幼儿的各项基本权利;公正平等地对待每一名幼儿,关注幼儿成长,保护幼儿安全,促进幼儿身心健康发展。

(三) 了解幼儿

幼儿教师需要了解幼儿,了解孩子的生理、心理及年龄特点,了解孩子的需求。教师要面向全体实施正面教育,引导他们开展各项活动和游戏。因材施教,因人而异,发扬幼儿各自的优点,耐心帮助他改正不足之处。使每个幼儿的潜能都得到发挥,激发每一个孩子参与活动的欲望。幼儿教师了解幼儿需要做到:

(1) 走进每一个幼儿的内心世界,实现个性化、细致化、全方位指导。

(2) 深入认识和理解幼儿,采用积极发展的思想引导和培养幼儿。

案例分享

幼儿园大班个案分析:一个"调皮"孩子的转变

一、案例现象

泉泉是我班这学期新来的小朋友,他有一双大大的眼睛,一身黝黑的健康肤色,老师和小朋友们都说他长得像个小运动选手,都特别喜欢他。但接下来他的表现却令我感到有些失望:

观察一:早上进班级时,他会以冲刺的速度闯进教室,见到门关着,他会"咚咚咚"的边踢门边喊"开门,开门!";自由活动时他会带着同伴在教室或幼儿园窜来窜去,追逐打闹;玩积木时,他会把所有的积木都扔在地上;小朋友正聚精会神地听讲,他却和周围的小朋友头碰头讲得热火朝天,手舞足蹈……

观察二:绘画活动开始了,泉泉趁老师不注意,拿着记号笔在画纸上、桌布上乱涂乱画。当老师走近他时,他就对老师笑嘻嘻的,让你又好气又好笑。

观察三:泉泉的口语表达能力较差,一紧张就小脸涨得通红,让他回答一些简单的问题有时也会结结巴巴说不清楚,有时直接说"我不会"。

二、案例分析

1. 好奇心很强。这时期的孩子好奇心理很强,不管对什么东西都很感兴趣,尤其是那些好玩好看的、自己没有的东西,他们总想弄个明白,想个究竟,因此他们会玩玩弄弄,甚至把玩具弄坏。事实上,孩子所表现出的恶作剧、小破坏有时并非真的坏行为,但却是一种不利于他人的行为。

2. 父母对孩子管束较严,并且缺少沟通。泉泉的父母都是个体经营者,由于工作比较忙,很少照顾他,更别说和他交流了。当孩子遇到事情时就将他打一顿,慢慢地使孩子内心产生紧张和压抑感。家庭是孩子成长最自然的生态环境,是他的第一个学校,没有良好的环境,孩子自然会有些反常。而这种情绪会给孩子造成不良影响。

这样的孩子,太需要有人去关爱他、宽容他,需要有人去真诚地对待他了。

三、措施与效果

针对泉泉画画时的表现,我让能力较强的幼儿坐在他的身边,时常关心他,照顾他。画画的时候,孩子绘画能力差,让孩子提高绘画兴趣,参与自主绘画的趣味活动,与家长取得联系,在家多为孩子添置一些绘画工具,让他在家里涂涂画画,培养他的兴趣。在日常活动中,我发现泉泉对小汽车、手枪等玩具特别感兴趣,根据他的特点,在区角活动时我为他准备了许多有关的图画,让他也学着画,他十分感兴趣。每次我都将他的作品展示给大家看,表扬他画得越来越好了。另外,自由活动时,与他多交流,多讲道理,他慢慢改掉了这些不良习惯。

针对孩子口齿不清、说话结结巴巴这一问题,我在平时注意与孩子多交谈,让他重复其他幼儿的回答,并时常找机会让泉泉在集体面前讲述。另外,请家长平时用普通话与孩子交谈,让孩子在家多听故事,多接触良好的语言环境,在每次的外出活动中,陪伴在他身边,引导他描述周围的景色、人们的活动,让他复述别人的话,渐渐地孩子的语言有了较大的进步。一次,他回老家一星期,再来园时还将自己回老家的情景讲给我们听。

半年来,泉泉已有了可喜的进步。早上来园时很有礼貌地向老师问好;和小朋友能友好相处;绘画时不但能根据老师的范画学习基本构图,还能通过想象进行添画;有时还主动帮忙清洁教室,给小朋友讲故事……

案例来源:临泽县板桥镇西柳小学中心幼儿园　刘建华

三、幼儿教师职业修养

能力为重突出了幼儿园教师的教育教学和引导促进儿童健康成长的实践能力,强调幼儿园教师要以"专业"的意识与行为进行保教工作,具有遵循幼儿成长规律进行教育的能力。把学前教育理论与保教实践相结合,突出保教实践能力;研究幼儿,遵循幼儿成长规律,提升保教工作专业化水平;坚持实践、反思、再实践、再反思,不断提高专业能力。

(一)钻研业务

幼儿教师要努力钻研业务,要在一丝不苟教给孩子知识的过程中,多实践、多观察、多反思、多学习;善于思考,勤于钻研,要做到提出自己的见解,不断积累经验,加强学习新的教育理论,及时更新教育理念,丰富教育教学理论水平,不断摸索教育教学规律,提高自身素质和教学能力,使教育教学更加严谨、科学,不断提升自己的专业水平。将所学知识灵活运用于教育教学工作之中,有机地把课改的新理念渗透于教学之中,注重激发幼儿的学习兴趣,使幼儿"要我学"变"我要学"。另外,作为幼儿教师还需要总结教学的得与失,并加以纠正和完善,形成教学风格,加快自身的专业化成长的步伐。善于教学反思,及时发现问题,在不断认识自己的优势与不足的过程中,使自己的专业理论、专业技能更快地上升到一个高度。同时也要借助教研的力量提高自己的专业技能,积极参与各项专业技能比赛。幼儿教师钻研业务需要做到:

(1) 遵守学术规范,维护学术尊严,养成实事求是、严谨治学的品质与精神。

(2) 坚定理想,刻苦钻研,追求卓越,能够在持续学习中保持积极的情感状态,持之以恒地投身教育教学实践。

(3) 遵循幼儿身心发展规律与教育内在规律,尊重幼儿的主体性,关注幼儿的个性发展。

(4) 根据幼儿的认知水平、学习能力以及个性特点,选择适合每个幼儿特点的教学方法,提高教育教学的效益和质量。

任务窗

任务卡 2-4　列举你钻研业务的一些做法

项目	自己的做法	指导教师评价
善于思考		
积极参与讨论		
总结得失		
自我改正		

(二) 团队协作

世界逐渐走向一体化,在强调竞争的同时,更强调合作。幼儿园是一个小团体,教师之间也要团结协作,同心合力才能把教育工作搞好。作为幼教工作者,应具备谦虚谨慎、尊重同事、相互学习、相互帮助的品质,敌视和妒忌都是不可取的。在园所工作中,从教工作的多为女性,相处久了自然会产生矛盾,这就需要幼儿教师懂得宽容和谅解,不斤斤计较个人的得失,凡事能站在对方的角度考虑,懂得合作和分享。此外,学会关心集体,关心幼儿园的建设和荣誉,齐心协力共创文明园风也是极其重要的。

团结协作,互相帮助,取长补短,互相学习,谦虚谨慎,尊重同事是幼儿教师同事之间的内在要求。维护其他教师在幼儿中的威信,维护集体荣誉,共创和谐园风,才有利于工作的配合。幼儿园同事之间应互相尊重,虚心学习,尽量看到别人的长处。幼儿教师团队协作需要做到:

(1) 维护学校和集体荣誉,有集体意识,积极参与学校建设。

(2) 与同事友好相处,同事间形成开放、信赖、互助的工作关系。

(3) 与家长积极沟通,乐于采纳家长的合理建议,并形成具有建设性的双向关系,帮助家长明确教育责任,改进教育方法,为幼儿成长共同努力。

任务窗

任务卡 2-5　列举你在实习阶段处理人际关系的情况

项目	自我评价	指导教师评价
与幼儿之间关系		
与领导之间关系		
与集体之间的关系		
与教师之间的关系		

(三) 尊重家长

尊重家长,热情服务,形成合力,共同促进幼儿的健康成长。尊重家长、热情服务是做好幼教工作的一个重要方面。热情服务是指幼儿教师要尊重幼儿家长,使幼儿园教育和家庭教育为家长服务;尊重幼儿家长,不指责家长;主动与家长联系沟通,取得家长的支持与配合,积极向家长宣传科学的教育思想和教育方法;认真听取家长的意见和建议;帮助家长确立正确的教育观。对所有家长一视同仁,强化服务意识,时时处处设身处地为家长着想,为家长解除后顾之忧。与家长沟通配合是了解幼儿,促进幼儿健康发展,取得家园共育的一致性和提高教育效果的重要条件。所以作为教师,要尊重家长,理解他们对孩子的关心和期望的心情,帮助他们了解幼儿园对幼儿实施教育的要求和内容。争取家长更好的配合,积极参与幼儿园的各项工作。同时也要为排解家长后顾之忧做一些力所能及的事情。幼儿教师尊重家长需要做到:

(1) 尊重家长,热情、耐心与家长沟通,服务每一个幼儿的家庭。

(2) 对所有家长一视同仁,时时处处设身处地为家长着想,为家长解除后顾之忧。

任务窗

任务卡 2-6　列举你在实习阶段与家长相处的情况

项目	内容	自我评价
幼儿入园时与家长沟通交流		
在班级群与家长沟通交流		
幼儿离园时与家长沟通交流		
幼儿园开放日家长沟通交流		

实习故事

种一颗幸福的种子

武汉大学幼儿园二分园　向文彬

在幼儿园实习的时光里,我才真正了解到幼儿教师对孩子、家庭和社会的真实意义。渐渐地,我发现:我可以做一个有"作用"的幼儿教师。

我努力细心地关注每一个来到我身边的孩子,他们性格情感的异同,他们成长发展的优势劣势,他们与众不同的特征……我开始将自己变成了一个海绵,开始学习,开始吸收,开始了解,开始尽自己所能地做一名孩子喜欢的教师。

在一次次与家长的沟通中了解到,家长们的担忧、家长们的期盼,这些都是源自对孩子深切的爱,既然都是因为爱,就更加多了一些理解、一些体谅。在一次机缘巧合中,刚参加工作的我有了一次独自承担家长活动的机会,对于新教师的我无疑是一次巨大的挑战。我认真做准备,背后又有主班教师的支持与指导,有保育老师的密切配合,拉近了我与家长之间的距离,并让我在专业能力上有了一次大的飞跃。

孩子的关心大概是世界上最稚嫩而真情的关怀。一次感冒,班上小朋友温暖的关心,让我第一次感受到幼儿教师这个职业的独特魅力,一瞬间心中暖暖的。

幼儿教师的师德是什么?我坚信:倾力促进每一个来到身边的孩子今天比昨天有进步,就是一名幼儿教师所应该做的。

在往后的日子,我希望我也能每一天都有进步,每一天都带给孩子不一样的惊喜,每一天在我的工作岗位上能尽自己的所能做更多的事情,给每个孩子自由成长的环境,让他们自由且快乐地成长。

(四)终身学习

终身学习的理念适应了国际教师专业发展与教育改革的趋势,同时也适应了教师需要不断学习、提高的职业特别要求,每一位教师都应具有终身学习与持续发展的意识和能力,通过不断地学习、研究与实践,不断提高专业素质。学习先进学前教育理论,了解国内外学前教育改革与发展的经验和做法;优化知识结构,提高文化素养;具有终身学习与持续发展的意识和能力,做终身学习的典范。由于幼儿渴望认识世界,探索的欲望强烈,所以有提不完的问题,希望在老师这里得到引导和帮助。这就要求教师有渊博的知识,才能深入浅出地引导幼儿正确认识生活中的一些现象和知识,激发他们对探索知识的兴趣和欲望,才能有效发展幼儿的探索能力,才能回答幼儿的种种提问。所以幼儿教师的知识结构要有一定的综合性和渗透性,教师比从事其他职业的人更要不断地充实自己,不断开拓更新自己的知识,有更多方面的爱好和才能。认真学习学前儿童卫生学、学前儿童心理学、学前教育学以及幼儿园教育活动指导,用以指导自己的教育实践,提高工作的自觉性、科学性,减少盲目性。

幼儿教师要善于观察、了解和分析幼儿。观察了解幼儿是教师必备的教育技能,制定教育观察记录,就是通过观察了解孩子的发展现状、心理需求和存在问题制定教育工作计划,采用合理的教育措施。通过在日常生活、游戏、教育活动过程中对幼儿的观察,把教育工作做在前头,才能收到较好的教育效果。教师也需要具备教学组织能力,合理制定计划,科学安排幼儿的教育教学活动。教育组织能力是在学习和工作中有意识地锻炼而逐步提高的。

幼儿教师要善于保教结合,进行随机教育。幼儿园的保与教就如扣环一样,环环相扣。保和教是在同一过程中实现的。入园、盥洗、进餐、如厕、睡眠、活动、游戏、离园等每一个环节都渗透着保育和教育。因此,幼儿教师要树立保育和教育相结合的意识,既科学合理地组织幼儿园的一日生活,给予幼儿良好的生活照料,又善于发现各种教育契机进行教育,增强幼儿的自主服务能力,养成良好的生活习惯,发现生活中的许多奥秘,学习知识。同时,还要善于捕捉教育契机,提高遇物而诲和相机而教的随机教育能力。

总之,实习生要明确幼儿教师必备的职业素养,了解幼儿教师的劳动特点,认识到教师肩负的伟大社会使命和他的光荣职责,努力学习,刻苦钻研,不断提高自己的思想水平和业务能力,真正热爱幼儿和幼儿教育工作。幼儿教师终身学习需要做到:

(1) 树立终身学习的理念,把握教育教学的理论前沿,不断更新专业知识,养成勤于学习、乐于反思和积极探究的态度与精神。

(2) 根据社会和时代对人才培养的新要求、学生发展的新需求,积极探索,勇于创新,响应新时代的教育教学改革

拓展阅读

幼儿教师专业标准(试行)

维度	领域	基本要求
专业理念与师德	(一)职业理解与认识	1. 贯彻党和国家教育方针政策,遵守教育法律法规。 2. 理解幼儿保教工作的意义,热爱学前教育事业,具有职业理想和敬业精神。 3. 认同幼儿园教师的专业性和独特性,注重自身专业发展。 4. 具有良好职业道德修养,为人师表。 5. 具有团队合作精神,积极开展协作与交流。
	(二)对幼儿的态度与行为	6. 关爱幼儿,重视幼儿身心健康,将保护幼儿生命安全放在首位。 7. 尊重幼儿人格,维护幼儿合法权益,平等对待每一个幼儿。不讽刺、挖苦、歧视幼儿,不体罚或变相体罚幼儿。 8. 信任幼儿,尊重个体差异,主动了解和满足有益于幼儿身心发展的不同需求。 9. 重视生活对幼儿健康成长的重要价值,积极创造条件,让幼儿拥有快乐的幼儿园生活。
	(三)幼儿保育和教育的态度与行为	10. 注重保教结合,培育幼儿良好的意志品质,帮助幼儿形成良好的行为习惯。 11. 注重保护幼儿的好奇心,培养幼儿的想象力,发掘幼儿的兴趣爱好。 12. 重视环境和游戏对幼儿发展的独特作用,创设富有教育意义的环境氛围,将游戏作为幼儿的主要活动。 13. 重视丰富幼儿多方面的直接经验,将探索、交往等实践活动作为幼儿最重要的学习方式。 14. 重视自身日常态度言行对幼儿发展的重要影响与作用。 15. 重视幼儿园、家庭和社区的合作,综合利用各种资源。
	(四)个人修养与行为	16. 富有爱心、责任心、耐心和细心。 17. 乐观向上、热情开朗,有亲和力。 18. 善于自我调节情绪,保持平和心态。 19. 勤于学习,不断进取。 20. 衣着整洁得体,语言规范健康,举止文明礼貌。
专业知识	(五)幼儿发展知识	21. 了解关于幼儿生存、发展和保护的有关法律法规及政策规定。 22. 掌握不同年龄幼儿身心发展特点、规律和促进幼儿全面发展的策略与方法。 23. 了解幼儿在发展水平、速度与优势领域等方面的个体差异,掌握对应的策略与方法。 24. 了解幼儿发展中容易出现的问题与适宜的对策。 25. 了解有特殊需要幼儿的身心发展特点及教育策略与方法。

续　表

维度	领域	基本要求
	（六）幼儿保育和教育知识	26. 熟悉幼儿教育的目标、任务、内容、要求和基本原则。 27. 掌握幼儿园环境创设、一日生活安排、游戏与教育活动、保育和班级管理的知识与方法。 28. 熟知幼儿园的安全应急预案，掌握意外事故和危险情况下幼儿安全防护与救助的基本方法。 29. 掌握观察、谈话、记录等了解幼儿的基本方法。 30. 了解0～3岁婴幼儿保教和幼小衔接的有关知识与基本方法。
	（七）通识性知识	31. 具有一定的自然科学和人文社会科学知识。 32. 了解中国教育基本情况。 33. 掌握幼儿园各领域教育的特点与基本知识。 34. 具有相应的艺术欣赏与表现知识。 35. 具有一定的现代信息技术知识。
专业能力	（八）环境的创设与利用	36. 建立良好的师幼关系，帮助幼儿建立良好的同伴关系，让幼儿感到温暖和愉悦。 37. 建立班级秩序与规则，营造良好的班级氛围，让幼儿感受到安全、舒适。 38. 创设有助于促进幼儿成长、学习、游戏的教育环境。 39. 合理利用资源，为幼儿提供和制作适合的玩教具和学习材料，引发和支持幼儿的主动活动。
	（九）一日生活的组织与保育	40. 合理安排和组织一日生活的各个环节，将教育灵活地渗透到一日生活中。 41. 科学照料幼儿日常生活，指导和协助保育员做好班级常规保育和卫生工作。 42. 充分利用各种教育契机，对幼儿进行随机教育。 43. 有效保护幼儿，及时处理幼儿的常见事故，危险情况优先救护幼儿。
	（十）游戏活动的支持与引导	44. 提供符合幼儿兴趣需要、年龄特点和发展目标的游戏条件。 45. 充分利用与合理设计游戏活动空间，提供丰富、适宜的游戏材料，支持、引发和促进幼儿的游戏。 46. 鼓励幼儿自主选择游戏内容、伙伴和材料，支持幼儿主动地、创造性地开展游戏，充分体验游戏的快乐和满足。 47. 引导幼儿在游戏活动中获得身体、认知、语言和社会性等多方面的发展。
	（十一）教育活动的计划与实施	48. 制定阶段性的教育活动计划和具体活动方案。 49. 在教育活动中观察幼儿，根据幼儿的表现和需要，调整活动，给予适宜的指导。 50. 在教育活动的设计和实施中体现趣味性、综合性和生活化，灵活运用各种组织形式和适宜的教育方式。 51. 提供更多的操作探索、交流合作、表达表现的机会，支持和促进幼儿主动学习。
	（十二）激励与评价	52. 关注幼儿日常表现，及时发现和赏识每个幼儿的点滴进步，注重激发和保护幼儿的积极性、自信心。 53. 有效运用观察、谈话、家园联系、作品分析等多种方法，客观地、全面地了解和评价幼儿。 54. 有效运用评价结果，指导下一步教育活动的开展。

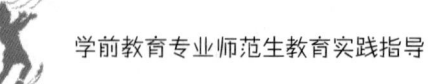

续 表

维度	领域	基本要求
	(十三)沟通与合作	55. 使用符合幼儿年龄特点的语言进行保教工作。 56. 善于倾听,和蔼可亲,与幼儿进行有效沟通。 57. 与同事合作交流,分享经验和资源,共同发展。 58. 与家长进行有效沟通合作,共同促进幼儿发展。 59. 协助幼儿园与社区建立合作互助的良好关系。
	(十四)反思与发展	60. 主动收集分析相关信息,不断进行反思,改进保教工作。 61. 针对保教工作中的现实需要与问题,进行探索和研究。 62. 制定专业发展规划,不断提高自身专业素质。

第三部分 观摩见习指导

情境导入 →

学生林阳第一次来到幼儿园观摩见习,心情激动难耐,眼前都是幼儿的身影,耳边也充斥着幼儿的声音。一天观摩下来,指导老师问她看到了什么,她想了想回答:"看到了幼儿园的环境,看到了班上的小朋友,看到了幼儿教师开展活动……"指导老师说:"你这是在参观,不是在观摩见习。"那么什么是观摩见习?观摩见习的目标、内容、需要具备的关键能力分别是什么呢?

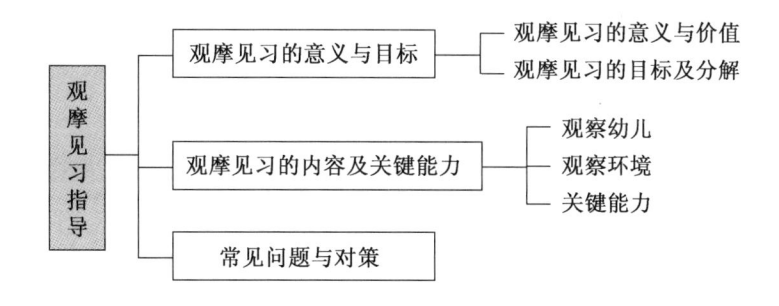

本章导学 →

```
                            ┌─ 观摩见习的意义与价值
         ┌─ 观摩见习的意义与目标 ┤
         │                  └─ 观摩见习的目标及分解
         │
观摩       │                  ┌─ 观察幼儿
见习 ─────┤─ 观摩见习的内容及关键能力 ┼─ 观察环境
指导       │                  └─ 关键能力
         │
         └─ 常见问题与对策
```

学习目标 →

1. 理解观摩见习的意义和目标。
2. 掌握观摩见习的内容,提升观摩见习的关键能力。
3. 乐于参与观摩见习,建立起对幼教专业学习的兴趣和信心。

一、观摩见习的意义与目标

(一)观摩见习的意义与价值

观摩见习是一种组织学生以看、听的形式到幼儿园进行实地观摩与实践的活动,重在初步感知"实践"。《教育部关于加强师范生教育实践的意见》明确指出,在师范生培养方案中设置足量的教育实践课程,以教育见习、实习和研习为主要模块,构建包括师德体验、教学实践、班级管理实践、教研实践等全方位的教育实践内容体系。[①] 可以看出,开展见习活动是学前教育专业人才培养的必然要求,其重要的教育意义与价值不容忽视。

1. 初识幼教工作

观摩见习是学生课堂学习的必要补充和延伸,是学生从理论学习迈向真实幼教工作情境的第一步。观摩见习能丰富学生对幼儿园以及幼教工作的感性认识,一方面能为学生之后的专业学习和保教实习积累感性经验,另一方面也能让学生对未来的工作环境和工作内容有一个初步的认识,进而更加清晰今后工作所需具备的知识与能力。

> **任务窗**

任务卡 3-1

你认为在接下来的观摩见习中幼儿园及幼教工作会是什么样的?待观摩见习之后再次思考实际幼儿园及幼教工作是怎样的,反思自己的预判与实际之间的关系。

	想象中的幼儿园	实际的幼儿园	我的思考
幼儿园的环境			
一日生活			

---

① 教育部. 教育部关于加强师范生教育实践的意见[EB/OL]. http://www.moe.gov.cn/srcsite/A10/s7011/201604/t20160407_237042.html,2016-03-21.

续 表

	想象中的幼儿园	实际的幼儿园	我的思考
教育活动			
游戏活动			
教师工作			

2. 了解真实幼儿

通过观摩，学生可以深入到幼儿中去观察他们的言行，倾听他们的交谈，从而能够更进一步地了解幼儿的发展水平。此外，通过对幼儿外部行为特征的分析，学生也能深入了解幼儿的心理状况，理解并满足幼儿的需要。在观摩了解幼儿的过程中能够帮助学生发现有价值的活动主题，从而为今后设计和组织开展活动提供有益思路。

3. 增强职业认同

观摩见习在一定程度上能增强学生的职业认同。一方面，通过与真实的幼儿相处，能激发学生热爱幼儿、热爱幼教事业的情感；另一方面，在亲自观察和亲身感受的过程中，能帮助学生深入了解所学的知识，进而建立起对学前教育专业学习的兴趣和信心，有助于稳固学生的专业思想，间接提高学生的专业效能感。

4. 促进专业学习

学生通过观摩见习能了解到幼儿园的工作流程及要求，帮助学生明确自己现有能力与未来工作所需能力之间的差距，为学生之后的专业学习指明了方向和重点，从而激发学生的学习动机，引导学生更有针对性地补充自己的专业知识，培养自己的专业能力。

（二）观摩见习的目标及分解

（1）实地观察幼儿园，感受幼儿园文化，了解和熟悉幼儿园环境及室内外环境布置的特点与要求。

（2）观察和接触幼儿，初步了解幼儿、喜爱幼儿。

（3）观察幼儿一日生活常规，了解幼儿园保教工作的内容和组织特点，明确学习的方向。

（4）结合专业课程学习，观摩幼儿园教师和实习生组织的各项教育教学活动，初步了解幼儿园教学的基本内容、形式和方法，为各专业课程学习及保教实习积累感性认识和经验。

任务窗

任务卡 3-2　列举你为下园见习第一天所做的准备

实习目标				
实习任务				
实习准备	物质准备	知识准备	能力准备	情感准备

温馨提示：当你们走进幼儿园，会发现墙上或其他醒目的位置会呈现一两句高度凝练的话语，如"给孩子一个美丽的起点""用爱养育，用心教育"等，你可要记下这些话语，这可能就是这所园的园训或办园理念、办园宗旨。感受这种文化，有助于你尽快了解这所幼儿园。

当你们第一次去幼儿园进行观摩见习时，可能会比较激动，一切对你们来说都比较新鲜。当你们看到可爱的幼儿和充满童趣的幼儿园环境时，可能会忍不住拍照或录像。但是在这里要特别提醒你们，注重保护幼儿的隐私和肖像权，严禁未经幼儿家长和老师的允许随意拍摄并传播见习园所里幼儿的相关照片或视频。

通过各种方式(询问园长、指导教师或上网查询等)了解见习园所的园训、办园理念或办园宗旨,并分析其内涵。

任务卡 3-3　调研见习园所的内涵

幼儿园名称：
园训：
办园理念：
办园宗旨：
内涵解析

二、观摩见习的内容及关键能力

（一）观察幼儿

幼儿园的保教工作主要是通过一日活动的各环节的组织来完成。对日常生活中的幼儿、游戏活动中的幼儿、教育活动中的幼儿进行观察,有利于学生深入了解幼儿,了解幼儿园教师的工作性质,了解幼儿园教育的实质,为学生在保育实习、教育实习中顺利进入角色和开展相应工作奠定基础。

观摩见习的具体内容包括：了解幼儿一日生活的常规环节及活动流程；观察并了解幼儿园教师在每一生活环节、游戏环节、教育环节中的工作内容及组织方法；初步熟悉幼儿,观察幼儿在日常生活、游戏活动、教育活动中的表现,了解幼儿的发展特点。

1. 日常生活中的幼儿

日常生活中看似日复一日的环节和行为,很可能是了解幼儿发展水平的重要资源。幼儿的学习与发展是从日常生活中开始的,良好的生活习惯能促使幼儿更快更好地适应集体生活,适应社会环境,这对幼儿的终生发展具有重要意义。对幼儿日常生活的观摩能让学生了解幼儿的适应情况及发展水平,通过完成观摩任务卡,引导学生学会分析与反思,鼓励学生提出针对性的指导建议,促进学生的专业成长。

观摩内容包括:幼儿一日生活作息情况、幼儿入园情况、幼儿晨间锻炼情况、幼儿进餐情况、幼儿食谱情况、幼儿午睡情况、幼儿盥洗情况、幼儿离园情况、幼儿疾病情况、幼儿园意外伤害事故情况等幼儿生活常规记录。

任务窗

任务卡 3-4　幼儿一日生活作息时间表

时间	活动内容	观察实录

任务卡 3-7 幼儿食谱记录分析表

项目 \ 星期	星期一	星期二	星期三	星期四	星期五
食谱记录 早餐					
食谱记录 午餐					
食谱记录 午点					
食谱记录 晚餐					

食谱分析

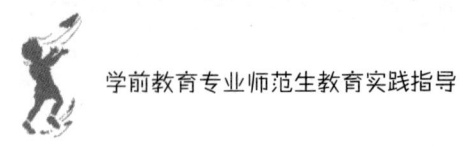

任务卡 3-8　幼儿进餐观察记录分析表

班级		人数		日期	
进餐类型					
观察内容	行为实录			分析与评价	
进餐前					
进餐中					
进餐后					

续 表

观察内容	行为实录	分析与评价
个别幼儿		

任务卡 3-9　幼儿午睡观察记录分析表

班级		人数		日期	
内容		实录		分析与评价	
睡前准备					
入睡情况					

续　表

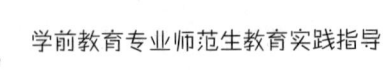

内容	实录	分析与评价
睡时看护		
个别幼儿照料（入睡困难、多尿、尿床等）		
其他		

任务卡 3-10 幼儿盥洗观察记录分析表

班级		人数		日期	
活动类型	活动时间	幼儿的行为表现	教师的组织与指导	自己的反思与建议	
洗手					
漱口					
擦嘴					

续 表

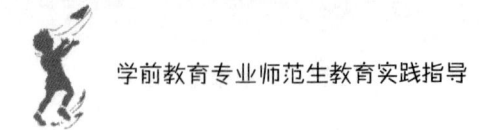

活动类型	活动时间	幼儿的行为表现	教师的组织与指导	自己的反思与建议
洗脸				
梳头				

任务卡 3-11　幼儿离园观察记录表

班级				人数			日期	
幼儿姓名	幼儿情绪状态			幼儿行为反应	接送人行为	教师行为	与家长沟通情况	反思与建议
	好	中	差					

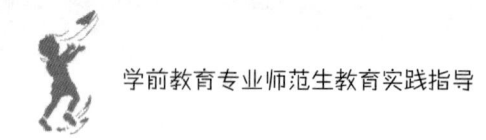

续 表

班级				人数			日期	
幼儿姓名	幼儿情绪状态			幼儿行为反应	接送人行为	教师行为	与家长沟通情况	反思与建议
	好	中	差					

任务卡 3-12 幼儿疾病个案观察记录表

班级		日期		性别	
疾病类型		发生时间		持续时间	
症状表现					
发病原因					
处理办法					
结果反馈					

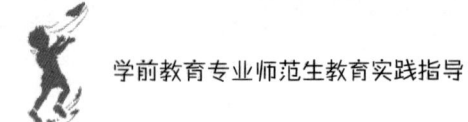

任务卡 3-13 幼儿园意外伤害事故观察分析表

班级		日期		意外伤害类型	
受伤幼儿的反应					
其他幼儿的反应					
教师的反应及处理办法					
幼儿园的反应及处理办法					
反思与建议					

任务卡 3‐14 幼儿生活常规记录评价表

班级		人数		日期	
项目	幼儿行为表现		教师组织与指导		反思与建议
进餐					
如厕					
盥洗					

续　表

项目	幼儿行为表现	教师组织与指导	反思与建议
喝水			
午睡			

2. 游戏活动中的幼儿

游戏是幼儿的主要活动,幼儿在游戏中学习与成长,幼儿的游戏行为在一定程度上可以反映出幼儿的发展水平。通过观摩游戏中的幼儿能帮助学生加深对幼儿的了解。

观摩内容包括:幼儿在区域活动中的表现、幼儿在户外活动中的表现、幼儿在大型活动中的表现。

任务窗

任务卡 3-15　幼儿区域活动观察记录分析表

姓名		性别		年龄	
区域活动名称		游戏水平		日期	
环境与材料					
活动情境					
行为表现 (自主性、注意力、情绪状态、合作性、创造力等)					
分析与评价					

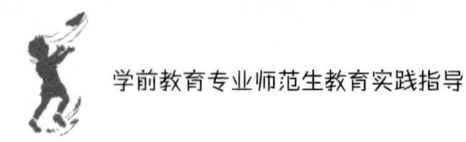

任务卡 3-16　幼儿户外活动观察记录分析表

班级		人数		日期	
户外活动名称					
活动目的					
环境与材料					
活动情境					
幼儿行为表现					
教师的组织与指导					
分析与建议					

任务卡 3‑17　幼儿大型活动观察记录分析表

活动地点		参与人数		活动日期	
活动主题					
活动目的					
活动形式					
活动背景					
活动过程					
幼儿行为表现					
教师的组织与指导					
活动效果分析					
反思与建议					

3. 教育活动中的幼儿

《幼儿园教育指导纲要(试行)》中指出,教育活动内容应体现"既适合幼儿的现有水平,又有一定的挑战性;既符合幼儿的现实需要,又有利于其长远发展;既贴近幼儿的生活来选择幼儿感兴趣的事物和问题,又有助于拓展幼儿的经验和视野"的原则,并强调"教育活动内容的组织应充分考虑幼儿的学习特点和认识规律"。这些都需要依赖于对幼儿的观察。通过观察教育活动中的幼儿,能帮助学生制定更适宜的教育活动方案,促进幼儿在各领域更好地发展。

观摩内容包括:幼儿健康教育活动、幼儿语言教育活动、幼儿科学教育活动、幼儿艺术教育活动和幼儿社会教育活动。

→ **任务窗**

任务卡 3-18 幼儿健康教育活动观摩记录和评价表

班级		人数		执教教师		活动时间	
活动领域				活动名称			
活动目标							
活动准备							
活动过程				幼儿的反应			

续 表

活动过程	幼儿的反应
教学反思	

任务卡 3-19　幼儿语言教育活动观摩记录和评价表

班级		人数		执教教师		活动时间	
活动领域				活动名称			
活动目标							
活动准备							

活动过程	幼儿的反应

续 表

活动过程	幼儿的反应
教学反思	

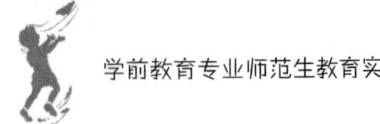

任务卡 3-20　幼儿科学教育活动观摩记录和评价表

班级		人数		执教教师		活动时间	
活动领域				活动名称			
活动目标							
活动准备							

活动过程	幼儿的反应

续表

教学反思

任务卡 3-21　幼儿艺术教育活动观摩记录和评价表

班级		人数		执教教师		活动时间	
活动领域				活动名称			
活动目标							
活动准备							

活动过程	幼儿的反应

续 表

活动过程	幼儿的反应
教学反思	

任务卡 3-22　幼儿社会教育活动观摩记录和评价表

班级		人数		执教教师		活动时间	
活动领域				活动名称			
活动目标							
活动准备							

续 表

活动过程	幼儿的反应
教学反思	

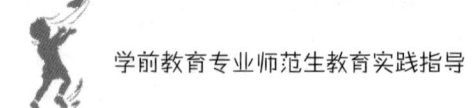

任务卡 3-23　幼儿综合主题活动观摩记录和评价表

班级		人数		执教教师		活动时间	
活动领域				活动名称			
活动目标							
活动准备							

活动过程	幼儿的反应

续 表

教学反思

4. 幼儿的心理行为观察

2016年更新的《幼儿园工作规程》中特别新增了"促进幼儿心理健康"的要求,其中指出"幼儿园应对关注幼儿心理健康,注重满足幼儿的发展需要,保持幼儿积极的情绪状态,让幼儿感受到尊重和接纳。""幼儿园应当充分尊重幼儿的个体差异,根据幼儿不同的心理发展水平,研究有效的活动形式和方法,注重培养幼儿良好的个性心理品质。"新规程将原规程中的"身体健康"改为"身心健康",可以看出对幼儿心理健康的重视。因此,在观摩见习中,也应引导学生对幼儿的心理行为进行观察。

任务窗

任务卡 3-24 幼儿心理行为观察记录表

姓名		性别		年龄	
家庭情况					
观察时间		观察地点		观察者	
观察内容	注意（ ）　感知觉（ ）　记忆（ ）　想象（ ）　思维（ ） 语言（ ）　意志（ ）　情绪情感（ ）　个性（ ）　社会性（ ）				
观察目的					

续 表

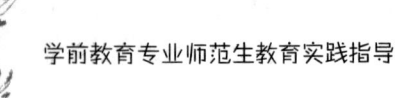

观察情境	
幼儿行为表现	行为分析与解释
教育建议	

任务卡 3-25 幼儿常见心理问题观察记录表

姓名		性别		年龄	
家庭情况					
观察时间		观察地点		观察者	
观察主题					
观察目的					
问题发生的情境					

幼儿行为表现	教师引导

续　表

主要问题及原因分析：
处理方法：
反思与建议：

任务卡 3‑26　幼儿个案观察记录分析表

姓名		性别		年龄	
家庭情况					
观察时间		观察地点		观察者	
观察主题					
观察目的					
观察情境					

幼儿行为表现	行为分析与解释

续　表

教育建议

任务卡 3-27　幼儿告状行为观察记录分析表

姓名		性别		年龄	
家庭情况					
观察时间		观察地点		观察者	
观察目的					
观察情境					

幼儿行为表现	行为分析与解释

续　表

幼儿行为表现	行为分析与解释
教育建议	

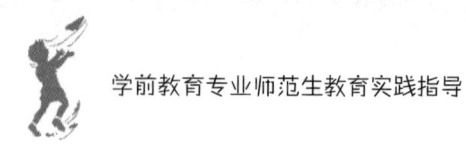

任务卡 3-28　幼儿亲社会行为观察记录分析表

姓名		性别		年龄	
家庭情况					
观察时间		观察地点		观察者	
观察目的					
观察情境					

幼儿行为表现	行为分析与解释

续 表

教育建议

任务卡 3-29　幼儿攻击性行为观察记录分析表

姓名		性别		年龄	
家庭情况					
观察时间		观察地点		观察者	
观察目的					
观察情境					
幼儿行为表现			行为分析与解释		

续 表

幼儿行为表现	行为分析与解释
教育建议	

拓展阅读

观察个体儿童时需要关注的领域

一、外表

该儿童外表的总体特点是什么?

他看起来身体健康吗?

身体运动和身体运用

他活动迅速还是缓慢?

他的身体活动看起来是自如的还是僵硬或缺乏自信的?

他的大、小肌肉技能和运动是均衡发展还是其中一方面比另一方面发展得更好?

他通过身体来表达自己的情感吗? 是耸肩、耷拉着脑袋、缓慢地动作,还是步调快速而活泼,并且昂首挺胸、大幅度地摆动胳膊?

二、面部表情

他用面部表达情感吗?

他的脸是否表现出对正在经历和周围正在发生的事情的即时反应?

他的脸只表现强烈的感情吗?

他总是"面无表情"吗?

三、言语

他有多少感情是通过音调来表达的?

他一般是努力克制声音的变化,还是通过声音来表达不断变化的情绪?

在沮丧时,他会比平常说得多还是说得少?

语言是这个孩子的重要交流手段吗? 还是他很少讲话,更喜欢用其他方式交流?

他会玩编歌谣、歌曲、双关语、故事等语言游戏吗?

他说话是流畅、一般还是不连贯?

四、情绪反应

他在什么情况下表达情感? 如何表达高兴、生气、悲伤、怀疑、热情和恐惧?

他对自己情绪的控制是过多、过少,还是比较平衡?

五、游戏活动

他参加了哪些活动?

他如何介入活动? 这些活动进展如何? 他接下来做什么?

他是长时间玩一个游戏,还是很快地从一个游戏换到另一个游戏?

他是不是玩某些活动时间短,而玩另一些活动则表现出持久的注意力?

他是否回避某些活动?

他看起来从一项活动中获得了什么,如与其他儿童相处的乐趣、感官刺激或愉悦、自主感,或问题解决、创造性地表达思想情感?

活动的某些方面是否令他特别灰心或特别开心?

他游戏的节奏或速度是保持不变,还是会加快、放慢? 在什么情况下发生?

他从不倾向于独自游戏,还是有时倾向于独自游戏,或是总是倾向于独自游戏? 在什么情况下发生?

他在游戏中运用语言、手势或游戏材料表达自己的想象吗?

如果参加戏剧表演,他喜欢扮演哪一类角色:妈妈、宝宝、爸爸,还是小狗?

他尝试新事物吗?

他对周围环境、器械和人物表现出好奇吗?

他喜欢把自己的游戏限制在一个相对较小的空间,还是扩展到较大区域?

室内游戏和户外游戏,他更喜欢哪一个?

他具有特殊技能(音乐、绘画、拼图、戏剧表演)吗?

六、基本需要

你注意到他在饮食、排便、性征、睡眠及休息等方面的习惯和感受有什么特别之处吗?

资料来源:沃伦·R.本特森等.观察儿童:儿童行为观察记录指南[M].北京:人民教育出版社,2009.

(二)观察环境

幼儿园是幼儿离开家人与同伴和老师相处、接受教育、愉快生活的场所,是区别于小学、中学的特殊教育机构。这种特殊性最直观地表现在其建筑风格、园舍布局和室内外环境创设上。因此学生下园观摩见习最先观察和了解的便是幼儿园环境,包括:幼儿园的整体面貌、幼儿园户外活动场地的环境布置及其活动器材设施、幼儿园室内活动室的环境布置及其活动器材设施、幼儿卧室、盥洗室的环境布置及其设施等。

1. 幼儿园的整体面貌

任务窗

任务卡 3-30 园舍布局平面图

园名:_____   时间:____年___月___日

续　表

分析评价：							
成绩	满分	100	得分		教师签字		

任务卡 3-31　幼儿园见习班级基本用房布局平面图

园名：_____　　班级：_____　　时间：_____年____月____日

续 表

分析评价：							
成绩	满分	100	得分		教师签字		

2. 幼儿园户外活动场地的环境布置及其活动器材设施

◆ 任务窗

任务卡 3‑32 幼儿园户外活动场所的环境布置观察评价记录

年　月　日

实习园所			实习班级		
内容		评价标准			建议
		很好	一般	较差	
户外活动场所的环境	1. 环境美化、绿化、儿童化				
	2. 园舍布置合理、因地制宜				
	3. 户外活动场地充分				
	4. 大型体育设施及游乐设施丰富（沙坑、水池）				
	5. 安全隐患少				
	6. 设有种植园、动物饲养角，且利用率高				

户外活动场所的环境布局平面图	

成绩	满分	100	得分		教师签字	

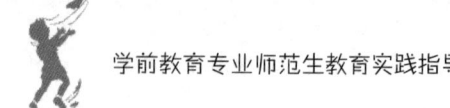

3. 幼儿园室内活动室的环境布置及其活动器材设施

> **任务窗**

任务卡 3-33　见习班级活动区(角)布局平面图

园名：_____　　班级：_____　　时间：____年___月___日

分析评价：

成绩	满分	100	得分		教师签字	

任务卡 3-34 幼儿园区(角)设置观察记录表

年　月　日

实习园所			班级		教师	
区角	设置材料			幼儿参与情况		

分析评价：

建议：

成绩	满分	100	得分		教师签字	

任务卡 3-35　幼儿园室内活动场所的环境布置观察评价记录

年　　月　　日

实习园所					实习班级		
内容			评价标准			建议	
			很好	一般	较差		
室内活动场所的环境	1. 环境整洁、安静、舒适、美化						
	2. 墙面布置符合幼儿心理特点和审美情趣						
	3. 区角创设材料丰富,便于幼儿观察、操作						
	4. 环境设置幼儿参与多,使用废旧材料多,制作简便、易行						
室内活动场所的环境布局平面图							
成绩	满分	100	得分			教师签字	

4. 幼儿卧室、盥洗室的环境布置及其设施

任务窗

任务卡 3-36　幼儿卧室环境的布局平面图

园名：_____　　班级：_____　　时间：____年___月___日

分析评价：

| 成绩 | 满分 | 100 | 得分 | | 教师签字 | |

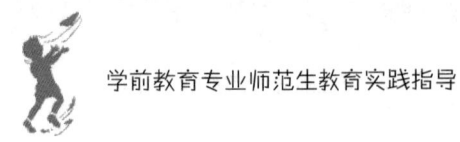

任务卡 3-37　幼儿盥洗室环境的布局平面图

园名：_____　　班级：_____　　时间：_____年____月____日

分析评价：

成绩	满分	100	得分		教师签字	

(三) 关键能力

1. 观察能力

观摩见习中学生需要具备的关键能力是观察能力。观察不仅是人的感觉器官直接感知事物的过程，而且是人的大脑积极思维的过程。观察可以分为"观看"和"察觉"两个方面，一方面要能够发现行为、描述行为，另一方面要有能够分析行为、解释行为能力。在这个过程中不仅需要掌握观察的方法，而且还需要具备心理学和教育学的相关理论知识，这样才能从专业的角度观察到幼儿的日常行为中的教育价值，同时要提醒学生时刻反思自己的主观情绪或偏见对观察结果可能造成的影响。在专业观察过程中，需要掌握的能力包括：辨识观察动机的能力，追求可靠资料的态度，观察工具的选择或制作的能力，反省主观情绪或成见的能力，区别客观与主观的能力，分析行为意义的能力，用语词下操作性定义的能力，提出假设的能力等。[1] 这些能力是学生在观摩见习中需要获得锻炼的能力，也是未来作为幼儿园教师在专业观察中需要具备的能力。

见习中的观察是能帮助学生更好地了解幼儿和幼儿园，并对幼儿园的环境、各项教育教学活动以及幼儿的发展特点获得一个初步的感性认识，为学生之后的专业学习和保教实习奠定一个良好的基础。

2. 观察的要求

（1）明确任务。学生在下园之前必须明确观察的目的和内容，要带着任务去观察，否则会盲目、东张西望而毫无收获。

（2）认真观察。观察是完成见习任务的重要手段，学生应认真观察，尽可能多地收集相关资料，不得长时间离开观察场地，不要看书、闲聊、吃零食等。

（3）点面结合。观察时要根据观察的任务，选取一些重点对象重点观察，但同时不能忽视整体观察，要把这些重点对象放在整个的背景中去观察，观察对象与整体的联系，这有利于后期的因果分析。

（4）客观记录。观察时应尽可能做好详细记录，记录自己的所见所闻和幼儿的真实行为（包括幼儿的语言、动作、神情等），不要过多地加入自己的主观猜测和想象，以便观察之后能进行客观的分析。可以在观察记录的旁边留一个栏目，专门记录自己观察中随时迸发的一些思想。见习结束后应将观察记录交指导教师审阅。

相关链接

要了解更多幼儿行为观察与分析的方法，可以登录超星学习通，搜索"湖北幼儿师范高等专科学校——《学前儿童行为观察与分析》精品课"，进行拓展学习。

---

[1] 蔡春美,洪福财.幼儿行为观察与记录[M].上海:华东师范大学出版社,2013.

三、常见问题与对策

1. 第一次去幼儿园见习应该注意什么？

（1）避免没有明确目的的、盲目的见习；

（2）避免只关注与幼儿建立亲密关系，而忽视学习并运用教育策略；

（3）避免只看不思考；

（4）避免自作聪明，擅自做主。

2. 如何分享我看到的情景？

可以通过轶事记录法、事件取样法、时间取样法等观察方法，记录并分析看到的情景。但切记避免在未经允许的情况下，使用手机拍摄记录观摩见习期间幼儿园里看到的情景。

3. 在观摩见习的过程中，我到底是"见习生"还是"见习教师"？

每一个见习者既是"见习教师"又是"见习学生"，要协调好这两种角色的关系。首先要明确自己作为"教师"的职责，如及时关注幼儿的发展需求，做好一日生活常规，学习家园合作等。同时，也要明确作为"学生"，向幼儿园见习指导教师学习的重要性，应以谦虚的态度主动向幼儿园见习指导教师请教学习。

4. 在观摩见习中，如果发现书本中所学的内容与实际相悖或者在实践中难以践行的问题时，我该怎么办？

观摩见习的过程是对幼儿教育从"应然"到"实然"的认识转变，学生会逐渐感知到幼儿园教育情境的复杂多变。当遇到书本理论知识与教育实践不同的情况时，可以向幼儿园指导教师虚心请教，或者记录下来事后与学校带队教师、同学们交流讨论。幼儿园里的一切行为也非全是必然的或者正确的，教育本无定论，学生可以有自己的想法和反思，尝试提出自己的改进措施或相关建议，并与幼儿园指导教师和学校带队教师共同探讨，改进和探寻更好的教育方式。

5. 观摩见习与参观幼儿园是一回事吗？

观摩见习相比于参观幼儿园来说，更具有目的性、针对性和实践性。学生是有目的地下园观察，了解幼儿园环境及室内外环境布置的特点与要求，初步认识幼儿，了解幼儿园保教工作的内容和组织特点以及幼儿园教学的基本内容、形式和方法。需要完成对幼儿日常生活、游戏活动、教育活动等各方面的观察记录，进行分析与反思。

6. 观摩见习中遇到喜欢的幼儿，可以与他们合影吗？

严禁在未经幼儿家长和老师的允许下，随意拍摄并传播见习园所里幼儿的相关照片或视频，要注重保护幼儿的隐私和肖像权。

7. 观摩过程中来不及记录怎么办？

在现场观察记录时，可以用自己能理解的符号或者缩写代替文字进行速记，记录重点核心内容，事后及时将笔记补充完整。不确定的地方可以与其他同学交流讨论。

8. 如果在观摩过程中发现幼儿受伤,该怎么办?

应立刻上前查看情况,力所能及提供帮助,并及时告知幼儿教师,必要时立刻送到医务室寻求专业帮助。应将幼儿的安全始终放在第一位。

注意事项

1. 做好准备

见习前的准备工作包括精神准备和物质准备。在精神准备方面,学生首先需要理解观摩见习的意义,明确观摩见习的任务、计划及观察内容,牢记纪律要求、见习分组及带队教师的基本情况等。其次,在入园前可以查阅相关资料,了解幼儿园及见习班级的基本情况,适当准备几首幼儿歌曲、有趣的故事、互动性强的游戏等,以备不时之需。在物质准备方面,学生需要准备好必要的记录工具(如纸、笔等),以便随时记下自己的所见所闻、所思所想,有时还需要事先设计一些观察记录表格以便观察时及时有针对性地记录相关内容。同时需要遵守幼儿园的要求,入园前进行体检,准备相应的体检报告。准备工作做得越充分,见习时才会越从容。

2. 注意安全

初次到某个幼儿园见习,学生事先应弄清前往见习地点的路线及交通方式,尽量整队出发或结伴而行,以免迷路。在来去的路上要注意车辆,遵守交通规则,不要在路上游玩逗留。此外,学生要牢记见习时间,按时到园,及时返校,避免夜间出行。在观摩见习中需帮忙参与保育工作时,要注意避免烫伤、摔伤、划伤等危险。见习期间如有身体不适情况,及时向幼儿园指导教师或学校带队教师报告。

3. 遵守纪律

一方面,学生要遵守学校或班级的纪律,不得随意脱离集体擅自行动,不得随意迟到早退,按要求完成见习的各项任务。另一方面,学生还要遵守见习园所的规章制度,如不乱踩草坪,不随地乱扔果皮纸屑,不在幼儿园内大声喧哗,不随意拍摄幼儿,禁止辱骂体罚幼儿等。

4. 为人师表

幼师生是未来的幼儿教师,应注重自己的仪表,给幼儿和实习园留下一个良好的印象。见习生的行为应当成为幼儿的表率,发型、服装、言谈、举止力求端庄大方,不得有染发、烫发、着奇装异服、浓妆艳抹等有损幼师生形象的打扮。

5. 尊敬教师

见习主要是为了向幼儿教师学习,见习的学生应尊敬幼儿园的老师,礼貌待人,积极主动地帮助幼儿园老师做一些场地的准备工作。在观摩幼儿园老师的各项教育教学活动时,要注意保持安静,必要的时候还应积极参与配合,帮助教师圆满完成教育教学活动。活动结束应报以热烈的掌声以示感谢,并主动地将椅子送回原处,做好场地的清洁工作,以减轻见习园教师的负担。

6. 尊重幼儿

在见习中,见习学生与见习园的幼儿不可避免会有一些直接或间接的接触,在这个过程中,学生应本着尊重幼儿的原则,不可因为幼儿年龄小而忽视他们的感受。如对幼儿面带微笑,主动回应幼儿的问好,蹲下来与幼儿交谈,对幼儿在活动时的良好表现给以鼓励,不可嘲笑幼儿的一些幼稚的想法和言辞等。其实幼儿身上有许多值得我们学习和探究的东西,我们的前辈们也一再提出"儿童是成人之师""儿童是成人之父"的说法,所以,放下架子,蹲下来和幼儿平等对话吧,你将会受益无穷。

案例分享

王晓芳的见习日志

这次的见习我被分配在中一班,进入班级就像回到了童年。教室外的墙面上展示的是小朋友的作品,还有参加活动的照片。教室里布置的都是充满童趣的装饰,还有迷你版的桌椅小床。教室被划分了好多区域,有阅读区、建构区、科学区、角色游戏区、手工区、益智区、生活区,等等。我拿到小朋友的名单后,就尽可能去记住他们的名字,两天时间内我能叫班上每个小朋友,和他们的关系一下子拉近了。经过几天的观摩和相处,我大概了解了班上各个小朋友的特点,知道了老师带班的主要流程,也会积极主动帮助老师维护秩序,组织和指导小朋友做游戏,协助老师做各种教具,和保育员一起端饭盛饭,组织幼儿睡觉、起床、盥洗等,对幼儿园一日生活常规有了一定的了解。

中一班的老师很有带班经验,每次开展教育活动,我都会将老师用来表扬或组织纪律小儿歌记录下来,感觉以后在带班过程中能够模仿。比如"谁的眼睛没有我,我的眼睛没有谁"的意思就是让小朋友认真看教师了。再比如"一二三坐坐好,三二一请安静"就是要小朋友们都坐好了。此外,老师还会通过弹钢琴来组织班级秩序。在整个活动环节过程中,我观摩学到了很深刻的一点,就是需要给小朋友自由,但不是无限制的自由。

这次见习让我收获颇丰,从一开始对幼儿园的神往到自我亲身感受近距离体验,我深深感受到当幼儿园教师需要具备专业的技能和素质,而自己还有很多需要学习与积累的。就比如小朋友们都喜欢听故事,如果作为老师没有一定的故事素材积累和讲故事能力的训练,就无法激发小朋友的兴趣,讲出一个个精彩的故事,让小朋友从中获得知识和启发。而且小朋友常常会有很多个"为什么",总是会问出些稀奇古怪的问题,让我感觉自己在知识积累上还是比较缺乏的,今后需要不断充实自己,开阔视野。

经过这次见习,我对幼儿的认识从书本回归到实际,对真实的幼儿有了更直观的感受和了解,也更加懂得他们的需要。幼儿都很天真、单纯,当他们能感受到你对他们的爱时,他们也会真心地喜欢你、崇拜你、信任你。每次我看到孩子们天真烂漫的笑脸时,就会再次坚定我未来成为一名幼师的决心。

任务窗

任务卡 3-38　个人行为规范考评表

序号	基本要求	满分	自评得分	小组评分	教师评分	实得分
1	热爱幼儿尊重幼儿	10				
2	以身作则为人师表	10				
3	谦虚谨慎虚心请教	10				
4	积极思考认真钻研	10				
5	坚守岗位尽职尽责	10				
6	工作主动热爱劳动	10				
7	服从安排团结协作	10				
8	尊敬家长待人热情	10				
9	遵守纪律爱护财物	10				
10	仪表整洁举止文明	10				
	合计	100				

幼儿园教师评语
      签字： 年　月　日

学校带队教师评语
      签字： 年　月　日

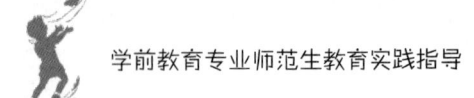

任务卡 3-39　见习总结表

班级		姓名		见习园所	
见习时间	年　月　日　至　年　月　日　共　天					
学校指导教师		幼儿园指导教师				
应到次数		实到次数				
请假		缺勤		迟到		早退	

个人总结

学校指导教师评语
学校指导教师签字：

幼儿园指导教师评语
见习单位：(盖章) 幼儿园指导教师签字：

任务卡 3－40　见习成绩评定表

评价内容	评价等级				
	1	2	3	4	5
能自觉遵守学校对观摩见习的各项要求					
能自觉遵守幼儿园的规章制度					
积极主动向老师了解幼儿园情况					
热爱并尊重幼儿					
按时完成观摩见习的各项任务					
观摩见习的各项任务卡填写完整					
能客观地记录观摩见习中的所见所闻					
观摩见习中善于发现问题并积极反思					
该学生的优势	该学生的不足				

指导教师签名：

第四部分 保育实习指导

情境导入→

雨恬同学对即将要开始的保育实习有些不以为然,她将自己的困惑求助于实习指导老师王老师:"既然幼儿园有专门的保育员,为何我们还要进行保育实习呢?将来毕业后我希望自己成为一名幼儿教师,保育实习是否只是让我更了解工作伙伴的工作呢?"王老师微笑着提醒雨恬:"还记得幼儿教育中'保教结合'这一重要原则吗?坚持保教结合的原则是幼儿园的基本任务,无论是教师还是保育员都应保教合一,教养并重。'保'和'教'是教育整体的不同方面,同时对幼儿产生影响。"雨恬回忆起《学前卫生学》与《学前教育学》两门课程的老师都反复强调过这一原则,恍然大悟地说:"王老师,我明白了,想成为一名合格的幼儿教师,应该从幼儿的身心发展特点出发,全面而有效地对幼儿进行教育的同时,重视对幼儿日常生活的保育工作,才能确保他们真正健康、全面地发展。"王老师欣慰地点点头。

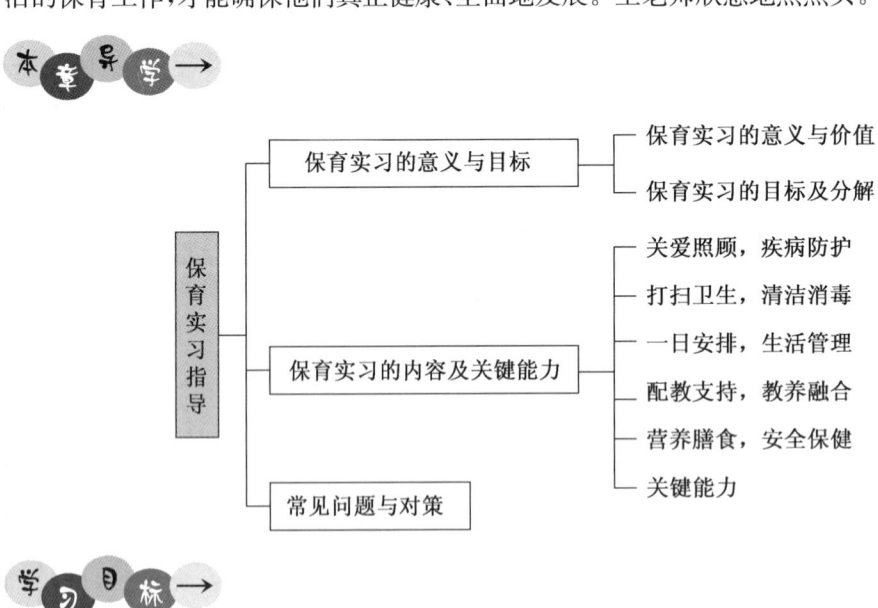

本章导学→

```
                    ┌─ 保育实习的意义与目标 ─┬─ 保育实习的意义与价值
                    │                        └─ 保育实习的目标及分解
                    │
                    │                        ┌─ 关爱照顾,疾病防护
                    │                        ├─ 打扫卫生,清洁消毒
保育实习指导 ───────┼─ 保育实习的内容及关键能力 ─┼─ 一日安排,生活管理
                    │                        ├─ 配教支持,教养融合
                    │                        ├─ 营养膳食,安全保健
                    │                        └─ 关键能力
                    │
                    └─ 常见问题与对策
```

学习目标→

1. 理解保育实习的意义和目标,明确保育工作的重要性。以保为先,保教并重;保中有教,教中有保。具有将教育渗透于一日生活的意识,能与班级教师协同开展班级常规保育及卫生工作。

2. 掌握科学照料幼儿日常生活的基本方法,熟悉幼儿园一日生活的主要环节,了解幼儿日常卫生保健、传染病预防和意外伤害事故处理的相关知识。

3. 树立幼儿为本、德育为先的理念。体验保育工作的过程与成果,关注幼儿的生活质量和情绪需要,帮助幼儿养成良好生活习惯、生活态度和生活方式,促进幼儿身心和谐发展。

一、保育实习的意义与目标

(一)保育实习的意义与价值

保育是指成人为幼儿的生存与发展提供必需的、良好的环境和条件,给予幼儿精心的照顾和养育,以保护和促进幼儿正常发育和良好发展。

幼儿时期正处于一个人生命刚刚起步、开始发育的阶段,机体组织比较柔嫩,机能不够完善,机体对自然环境的调节和适应能力以及对疾病的抵抗能力较差,容易受损伤,容易感染各种疾病。同时,由于幼儿生活没有经验,极易发生这样或那样的意外事故。这就需要成人为幼儿提供必需的生活环境与条件,给予他们身体上精心的照顾与养育,帮助幼儿顺利地渡过生长发育的稚嫩时期,不断培养提高幼儿的生活自理能力。

幼儿时期还是心理发育和发展的重要时期,幼儿对外界环境及其变化的影响十分敏感,极易受到各种不良因素的影响,心理能力很脆弱,自我评价和自我调节能力还很差。因此,成人在对幼儿进行身体保育的同时,还应爱护幼儿、尊重幼儿,注意保护幼儿的心理不受伤害,并进行适当的培养,以增强幼儿的心理能力。

综上所述,保育包括对幼儿的身体保育和心理保育两个方面。保育工作涉及幼儿的生活、学习、游戏、安全等各方面,可以说十分繁杂,甚至有些琐碎,而保育工作对幼儿的健康成长却又起着十分重要的作用,它是维护和增进幼儿健康的重要保证。

任务窗

任务卡 4-1

你认为现代的保育观和传统的保育观有何区别?请尝试分析选项,并在对应的方格中打"√"。

所关注的工作内容	传统保育观	现代保育观	我的保育观
创设和提供增进幼儿健康的物质生活环境条件			
幼儿体检			

续 表

所关注的工作内容	传统保育观	现代保育观	我的保育观
创设宽松、和谐的人际心理环境			
照顾好幼儿的吃喝拉撒睡			
搞好班级环境卫生			
关注锻炼与安全			
关注幼儿的情绪和需要			
注重膳食营养			
养成幼儿健康的行为习惯			
注重对幼儿的身体照顾			

续　表

所关注的工作内容	传统保育观	现代保育观	我的保育观
安排与护理幼儿日常生活			
关注幼儿积极、合理化的生活态度和生活方式			
关注幼儿身体的保健和养育			
关注如何提高幼儿的生活质量			
关注幼儿生长发育指标的达成			
做好疾病防治			

保育实习的意义就在于能使学生了解、熟悉幼儿和幼儿园,加深幼儿园的保育工作对幼儿健康成长重要作用的认识,培养学生热爱幼儿、热爱幼教事业、时时要为幼儿做榜样的思想意识;能使学生熟悉、掌握幼儿园保育工作的全部内容和方法,并将在学校所学习的幼儿卫生学、幼儿心理学、幼儿教育学的理论知识及技能技巧运用于幼儿园保育工作的实际,让理论服务于实际,提高学生的动手能力,最终达到初步胜任保育工作的目的。

> 任务窗

亲爱的同学,对于即将面临的保育实习你有哪些期待与打算呢?结合《学前卫生学》和《幼儿园卫生与保健》两门课程所学的知识,你将为自己的保育实习确定哪些目标呢?你会重点关注哪些实习内容?你预想的具体实施方法是怎样的呢?请你在出发前做个预期设想吧。

任务卡 4-2 制定保育实习计划

实习目标		
实习任务		
序号	实习内容	实施方法
1		
2		
3		
4		
5		
成绩	满分　100　得分	教师签字

（二）保育实习的目标及分解

1. 初步了解和逐步熟悉幼儿园。

2. 以幼儿为本，将保护幼儿生命安全放在首位，具有仁爱之心，接纳与关爱幼儿，富有爱心、耐心、细心和责任心。

3. 了解并逐步熟悉、掌握幼儿园一日生活各环节中保育工作的内容和方法。

（1）了解和熟悉幼儿园一日有哪些环节及各个环节在时间上和顺序上的安排。

（2）逐步熟悉和掌握幼儿园一日各环节中保育工作的具体内容和要求。

（3）能将所学保育理论及技能技巧运用于具体的保育工作之中，并注重实施保教结合的原则。

4. 了解保育员主要岗位职责。

5. 培养良好的职业道德和修养，树立热爱幼儿、热爱幼教事业的思想。

6. 见习幼儿园的基本教育教学活动和游戏活动，初步了解幼儿园的基本教学内容及教学形式与方法，为今后的理论学习、教育实习和工作提供感性认识并积累经验。

7. 参与幼儿园室内外环境布置及节日和大型活动的组织与排演。

二、保育实习的内容及关键能力

（一）关爱照顾，疾病防护

1. 关注幼儿成长，悉心照顾幼儿

（1）正确理解与认识幼儿教师职业

作为一名实习教师，应努力贯彻党和国家教育方针政策，遵守教育法律法规；理解幼儿保教工作的意义，热爱学前教育事业，乐观向上，热情开朗，有亲和力，具有职业理想和敬业精神；认同幼儿园教师的专业性和独特性，注重自身专业发展；具有良好职业道德修养，为人师表，做到衣着整洁得体，语言规范健康，举止文明礼貌；具有团队合作精神，积极开展协作与交流。

> **任务窗**

教师是人类灵魂的工程师，是人类文明的传承者。长期以来，广大教师贯彻党的教育方针，教书育人，呕心沥血，默默奉献，为国家发展和民族振兴做出了重大贡献。新时代对广大教师落实立德树人根本任务提出新的更高要求，为进一步增强教师的责任感、使命感、荣誉感，规范职业行为，明确师德底线，引导广大教师努力成为有理想信念、有道德情操、有扎实学识、有仁爱之心的好老师，着力培养德智体美劳全面发展的社会主义建设者和接班人，特制定以下准则。亲爱的同学，当你迈入幼儿园开展保育实习工作时，你已经成为一名真正的幼儿园实习教师了，请你先对照《新时代幼儿园教师职业行为十项准则》自查自评自己的得分吧。

任务卡 4-3　对照《新时代幼儿园教师职业行为十项准则》自查自评

序号	准则	满分	自评得分	自我分析与改进
1	坚定政治方向。坚持以习近平新时代中国特色社会主义思想为指导,拥护中国共产党的领导,贯彻党的教育方针;不得在保教活动及其他场合中有损害党中央权威和违背党的路线方针政策的言行。	10		
2	自觉爱国守法。忠于祖国,忠于人民,恪守宪法原则,遵守法律法规,依法履行教师职责;不得损害国家利益、社会公共利益,或违背社会公序良俗。	10		
3	传播优秀文化。带头践行社会主义核心价值观,弘扬真善美,传递正能量;不得通过保教活动、论坛、讲座、信息网络及其他渠道发表、转发错误观点,或编造散布虚假信息和不良信息。	10		
4	潜心培幼育人。落实立德树人根本任务,爱岗敬业,细致耐心;不得在工作期间玩忽职守、消极怠工,或空岗、未经批准找人替班,不得利用职务之便兼职兼薪。	10		
5	加强安全防范。增强安全意识,加强安全教育,保护幼儿安全,防范事故风险;不得在保教活动中遇突发事件和面临危险时,不顾幼儿安危,擅离职守,自行逃离。	10		
6	关心爱护幼儿。呵护幼儿健康,保障快乐成长;不得体罚和变相体罚幼儿,不得歧视、侮辱幼儿,严禁猥亵、虐待和伤害幼儿。	10		
7	遵循幼教规律。循序渐进,寓教于乐;不得采用学校教育方式提前教授小学内容,不得组织有碍幼儿身心健康的活动。	10		
8	秉持公平诚信。坚持原则,处事公道,光明磊落,为人正直;不得在入园招生、绩效考核、岗位聘用、职称评聘、评优评奖等工作中徇私舞弊、弄虚作假。	10		
9	坚守廉洁自律。严于律己,清廉从教;不得索要和收受幼儿家长财物或参加由家长付费的宴请、旅游、娱乐休闲等活动,不得推销幼儿读物、社会保险或利用家长资源谋取私利。	10		
10	规范保教行为。尊重幼儿权益,抵制不良风气;不得组织幼儿参加以营利为目的的表演、竞赛等活动,或泄露幼儿与家长的信息。	10		
	总　　分	100		

（2）关爱每一位幼儿

高质量保育工作的基础是实习教师对待幼儿的态度与行为，不但要富有爱心、耐心、细心和责任心，还要善于自我调节情绪，保持平和心态，真心实意地去接纳与关爱幼儿，重视幼儿身心健康，将保护幼儿生命安全放在首位，全心全意为幼儿的全面发展服务；尊重幼儿人格，维护幼儿合法权益，平等对待每一个幼儿；不讽刺、挖苦、歧视幼儿，不体罚或变相体罚幼儿；信任幼儿，尊重个体差异，主动了解和满足有益于幼儿身心发展的不同需求；重视生活对幼儿健康成长的重要价值，积极创造条件，让幼儿拥有快乐的幼儿园生活。

实习教师应注重保教结合，培育幼儿良好的意志品质，帮助幼儿形成良好的行为习惯；注重保护幼儿的好奇心，培养幼儿的想象力，发掘幼儿的兴趣爱好；重视环境和游戏对幼儿发展的独特作用，创设富有教育意义的环境氛围，将游戏作为幼儿的主要活动；重视丰富幼儿多方面的直接经验，将探索、交往等实践活动作为幼儿最重要的学习方式；重视自身日常态度言行对幼儿发展的重要影响与作用；重视幼儿园、家庭和社区的合作，综合利用各种资源。

任务窗

亲爱的同学，你喜欢小朋友们吗？你如何让他们感受到你对他们的关爱呢？作为一名实习教师，关爱每一位幼儿至关重要，你能称职地成为一名以幼儿为本，善于关爱、照顾幼儿的实习教师吗？在保育实习过程中，如遇到幼儿出现反常情绪或有特殊关怀需要时，你是如何处理的呢？

任务卡 4-4　观察幼儿情绪表现与特殊需要并进行记录

姓名	反常情绪表现	关注特殊需要	回应记录

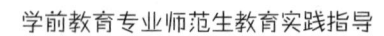

2. 常见疾病的观察与护理

（1）晨午检及全日健康观察

> 任务窗

任务卡 4-5　晨午检及全日健康观察记录

日期	姓名	班级	晨检情况 家长主诉与检查	全日健康观察 （症状与体检）	处理	检查者

备注：记录晨午检和全日健康观察中发现的儿童异常情况。

(2) 服药记录及信息收集

> 任务窗

任务卡 4-6　在园(所)幼儿带药服药记录

日期	班级	姓名	药物名称	服用剂量和时间	家长签字	保健医生喂药时间及签字

3. 传染病预防与控制

> 任务窗

任务卡 4-7　幼儿传染病记录

姓名	性别	年龄	发病日期	传染病名称									诊断单位	诊断日期	处置
^	^	^	^	手足口病	水痘	流行性腮腺炎	猩红热	急性出血性结膜炎	痢疾	麻疹	风疹	传染性肝炎	其他	^	^	^
合计																

备注：患某种传染病在该栏内打"√"。

任务卡 4-8　幼儿营养性疾病及常见疾病记录

班级	姓名	疾病名称	确诊日期	干预与治疗	转归

备注：登记范围包括营养不良、贫血、单纯性肥胖、先心病、哮喘、癫痫、听力障碍、视力低常、龋齿等。

（二）打扫卫生，清洁消毒

幼儿园一日清洁消毒工作主要包括打扫卫生、班级环境与玩具物品的清洁消毒等。

1. 打扫卫生

环境整洁和空气清新对幼儿的心情愉悦和身体健康非常重要。实习生应早于幼儿来园，打开窗户通风换气，打扫室内卫生，整理物品和玩具，做好接待幼儿的准备工作。也可训练中大班幼儿轮流做值日生，协助教师做一些力所能及的事情，如扫地、擦桌、收拾玩具、摆放物品等，帮助幼儿树立责任感和劳动意识。

▶ **任务窗**

任务卡 4-9　入园打扫卫生记录

记录园所、班级：_____　　　　　记录时间：_____年____月____日

保育工作内容	具体记录	效果评析及反思改进
常规班级卫生		
开水的更换		
桌面地面的卫生与消毒		

任务卡 4-10　餐后打扫卫生记录

记录园所、班级：_____　　　　　　　　记录时间：____年___月___日

保育工作内容	具体记录	效果评析及反思改进
桌面卫生		
地面卫生		
餐具餐巾的清洗整理		

2. 班级环境与玩具物品的清洁消毒

表 4-1　消毒方法

消毒对象	物理消毒方法	化学消毒方法	备注
空气	开窗通风每日至少 2 次,每次至少 10～15 分钟。		在外界温度适宜、空气质量较好、保障安全性的条件下,应采取持续开窗通风的方式。
	采用紫外线杀菌灯进行照射消毒,每日 1 次,每次持续照射 60 分钟。		1. 不具备开窗通风空气消毒条件时使用。 2. 应使用移动式紫外线杀菌灯。按照每立方米 1.5 瓦计算紫外线杀菌灯管需要量。 3. 禁止紫外线杀菌灯照射人体体表。 4. 采用反向式紫外线杀菌灯在室内有人环境持续照射消毒时,应使用无臭氧式紫外线杀菌灯。
餐具、炊具、水杯	煮沸消毒 15 分钟或蒸汽消毒 10 分钟。		1. 对食具必须先去残渣,清洗后再进行消毒。 2. 煮沸消毒时,被煮物品应全部浸没在水中;蒸汽消毒时,被蒸物品应疏松放置,水沸后开始计算时间。
	餐具消毒柜、消毒碗柜消毒。按产品说明使用。		1. 使用符合国家标准规定的产品。 2. 保洁柜无消毒作用,不得用保洁柜代替消毒柜进行消毒。
毛巾类织物	用洗涤剂清洗干净后,置阳光直接照射下曝晒干燥。		曝晒时不得相互叠夹。曝晒时间不低于 6 小时。
	煮沸消毒 15 分钟或蒸汽消毒 10 分钟。		煮沸消毒时,被煮物品应全部浸没在水中;蒸汽消毒时,被蒸物品应疏松放置。
		使用次氯酸钠类消毒剂消毒。使用浓度为有效氯 250～400 mg/L,浸泡消毒 20 分钟。	消毒时将织物全部浸没在消毒液中,消毒后生活饮用水将残留消毒剂冲净。
抹布	煮沸消毒 15 分钟或蒸汽消毒 10 分钟。		煮沸消毒时,抹布应全部浸没在水中;蒸汽消毒时,抹布应疏松放置。
		使用次氯酸钠类消毒剂消毒。使用浓度为有效氯 400 mg/L,浸泡消毒 20 分钟。	消毒时将抹布全部浸没在消毒液中,消毒后可直接控干或晾干存放;或用生活饮用水将残留消毒剂冲净后控干或晾干存放。
餐桌、床围栏、门把手、水龙头等物体表面		使用次氯酸钠类消毒剂消毒。使用浓度为有效氯 100～250 mg/L,消毒 10～30 分钟。	1. 可采用表面擦拭、冲洗消毒方式。 2. 餐桌消毒后要用生活饮用水将残留消毒剂擦净。 3. 家具等物体表面消毒后可用生活饮用水将残留消毒剂去除。

续　表

消毒对象	物理消毒方法	化学消毒方法	备注
玩具、图书	每两周至少通风晾晒一次。		适用于不能湿式擦拭、清洗的物品。曝晒时不得相互叠夹。曝晒时间不低于6小时。
		使用次氯酸钠类消毒剂消毒。使用浓度为有效氯 100～250 mg/L，表面擦拭、浸泡消毒10～30分钟。	根据污染情况，每周至少消毒1次。
便盆、坐便器与皮肤接触部位、盛装吐泻物的容器		使用次氯酸钠类消毒剂消毒。使用浓度为有效氯 400～700 mg/L，浸泡或擦拭消毒30分钟。	1. 必须先清洗后消毒。 2. 浸泡消毒时将便盆全部浸没在消毒液中。 3. 消毒后用生活饮用水将残留消毒剂冲净后控干或晾干存放。
体温计		使用 75%～80% 乙醇溶液，浸泡消毒3～5分钟。	使用符合《中华人民共和国药典》规定的乙醇溶液。

备注：表中有效氯剂量是指使用符合卫生部《次氯酸钠类消毒剂卫生质量技术规范》规定的次氯酸钠类消毒剂。

传染病消毒根据国家法规《中华人民共和国传染病防治法》规定，配合当地疾病预防控制机构实施。

任务窗

任务卡 4-11　班级卫生消毒检查记录(3 天)

日期	班级	消毒物体									
		开窗通风	餐桌	床围栏	门把手	水龙头	图书晾晒	玩具	被褥晾晒	厕所	其他	—

备注：以"√"的方式完成此表。

（三）一日安排，生活管理

幼儿园一日生活的主要环节包括来园、晨间午间检查、盥洗、如厕、进餐、睡眠、喝水、户外活动、教育活动、游戏活动、离园等。如何开展各项保育工作及遵循哪些要求是实习生必须了解和掌握的内容。根据以上提出的保育的含义、意义和任务，我们列出各环节保育的含义、重要性、主要工作内容及具体要求，用以指导实习生开展各环节保育工作并依此评价实习的效果。

任务窗

任务卡 4-12　幼儿园一日生活活动的合理安排与组织

记录园所、班级：_____　　　　记录时间：_____年____月____日

生活活动内容	时间(次数、频率)安排	过程实录
入园、晨检、晨间锻炼		
盥洗、早餐		
如厕		
操节及户外活动		
饮水		
增减衣物		
擦汗		
课间		
午餐		
午睡		
起床		
午点		
整理		

1. 入园晨间接待

"一日之计在于晨",早晨的入园是幼儿一日集体生活的开始,是幼儿教师保育工作的第一环节,也是幼儿家长向幼儿园教师交接孩子,帮助幼儿从家庭到幼儿园顺利过渡的重要环节。入园环节的保育工作方式和质量直接影响幼儿及幼儿家长一天的情绪,影响幼儿在园一天的生活。由于幼儿一早从各自家庭来到幼儿园,时间不一,情绪不同,带来的新情况、新问题也各异,因此,分别接待、个别教育、分散活动是这个环节保育和教育活动的特点。

教师的态度和言行对幼儿具有很大的感染作用,也是幼儿学习的榜样。实习生应主动热情地向幼儿问好,用文明礼貌语和幼儿及家长打招呼,让幼儿感到亲切、温暖、愉快。让家长感到放心、安心。接待时要留心观察幼儿的情绪和精神面貌,用简洁的语言与家长沟通,询问和了解幼儿在家的情况。

任务窗

任务卡 4－13　晨间接待记录

记录园所、班级：_____　　　　记录时间：_____年___月___日

保育工作内容	具体记录	效果评析及反思改进
观察幼儿情绪与精神面貌		
服药记录与药品存放		
及时清点幼儿人数		
家长的嘱咐（如有请填写）		

2. 晨、午检保育工作

晨、午检保育工作是指晨检和午检。其目的是观察和了解来园幼儿的各项健康状况。检查幼儿的个人清洁卫生，以便做到对疾病早发现、早预防、早隔离、早治疗，确保每个幼儿安全、顺利地渡过在园一日生活。晨检是入园环节的一个重要工作，一般会由专门的医务人员在幼儿园门口对入园幼儿逐一进行皮肤、五官、精神等各方面检查，并向幼儿发放代表其健康状况的健康卡（晨检卡），由幼儿交由本班老师或插入各班健康栏内。教师除通过健康卡全面了解每个孩子的健康状况外，还应配合医务人员全天观察和护理生病的或身体有异样的幼儿。午检是本班教师在幼儿午睡时对每一个孩子的精神和身体状况进行检查。确保及时发现问题，及时处理。晨、午间检查的一般方法是：一看，看脸色，看皮肤，看眼神，看咽喉；二摸，摸摸是否发烧，摸摸腮腺是否肿大；三问，问幼儿在家吃饭、睡眠、大小便等情况是否正常；四查，查是否携带和玩弄不安全物品。

任务窗

任务卡 4-14　晨、午检接待记录

记录园所、班级：_____　　　　　　记录时间：_____年___月___日

保育工作内容	具体记录	效果评析及反思改进
一看二摸三问四查，了解全班幼儿健康状况		
与家长沟通和交接，了解生病幼儿的服药与护理要求		
及时发现有异常情况的幼儿，配合保健医生进行医治和护理		
家长的嘱咐（如有请填写）		

3. 如厕与盥洗环节保育工作

如厕是幼儿的生理需要,盥洗是个人清洁卫生的保证。如厕和盥洗都是在盥洗室内进行,是贯穿于幼儿一日生活各环节之间的必不可少的内容,既是重要的保育工作,也渗透许多教育内容。

任务窗

任务卡 4-15　如厕与盥洗记录

记录园所、班级:＿＿＿＿＿＿＿＿＿＿　　　　记录时间:＿＿＿年＿＿月＿＿日

保育工作内容	具体记录	效果评析及反思改进
保持盥洗室内清洁,及时清扫、冲洗水池、便池,做到无污物,无异味,地面无水渍		
组织幼儿如厕、盥洗要有秩序,不争抢,不打闹,不在盥洗室内逗留、玩耍		
帮助需要帮助的幼儿如厕		
帮助幼儿掌握如厕、洗手的技巧,如便前、便后、饭前、饭后及时洗手,洗手时按正确顺序和方法,使用自己的毛巾擦手等,提高自理能力,养成良好的生活卫生习惯		
提醒幼儿节约用水,爱护公共环境的卫生		

4. 进餐环节保育工作

健康饮食才能保证幼儿身体的正常发育和生长,所以进餐是幼儿在园一日生活中非常重要的环节。一般有早餐、午餐、午点和晚餐。幼儿在幼儿园的进餐质量,即能否吃饱、吃好,不但直接影响幼儿的身体健康和生长发育,也是家长们最关心的问题。进餐质量的好坏决定于幼儿园膳食的安排、食谱的制定、炊事人员的烹制及教养员、保育员对幼儿进餐的组织与管理。幼儿吃好一顿饭的标志应是:幼儿情绪好,吃得高兴;幼儿食欲好,吃得够量;饮食习惯好,吃得卫生。

→ 任务窗

任务卡 4-16　进餐保育工作记录表

记录园所、班级:＿＿＿＿＿＿＿＿＿＿　　　　记录时间:＿＿＿年＿＿月＿＿日

保育工作内容	具体记录	效果评析及反思改进
进餐前用消毒水擦洗桌子,准备好餐具、漱口水和幼儿的饭菜,为幼儿创设一个干净、安静的进餐环境		
根据幼儿的饭量为幼儿盛添饭菜、汤水,发放水果		
指导幼儿正确的进餐方法,如细嚼慢咽,不挑食,保持地面、桌面、衣服的干净,不与同伴说话、疯闹,不剩饭菜,饭后洗手、擦嘴和漱口等,养成文明的进餐习惯		
指导幼儿正确使用餐具,饭后按要求将餐具、椅子放在指定的地方		
为幼儿营造愉快、轻松的进餐氛围,如播放舒缓的轻音乐,不在吃饭时批评孩子,不催促孩子快吃,不强迫孩子进食等		
教育幼儿爱惜粮食,不掉饭,不剩饭,不扔饭等		
餐后收拾餐具,擦洗桌子,清扫地面		

5. 饮水环节保育工作

饮水是幼儿机体新陈代谢的需要，也是灵活贯穿于幼儿一日生活各环节间的一项生活活动。幼儿正处于生长发育最迅速的时期，活动量大，消耗水分多，所以对水的需求量比成人大。因此，教师要组织幼儿每天喝足够量的水，以保证其身体的健康发育，同时要注意提醒幼儿会根据自身需要随时补水，养成爱喝水的好习惯。

> 任务窗

任务卡 4-17　饮水保育工作记录

记录园所、班级：＿＿＿＿＿＿＿＿＿＿　　　　　记录时间：＿＿＿年＿＿月＿＿日

保育工作内容	具体记录	效果评析及反思改进
为幼儿准备充足、清洁、温度适宜的开水		
注意适时提醒幼儿喝水		
鼓励幼儿学会根据自身需要随时补水，养成爱喝水的好习惯		
教育幼儿注意饮水卫生，不喝生水，夏季不饮冷水		

6. 午睡环节保育工作

幼儿身体比较稚嫩，正处于生长发育期且易疲劳，因此，充足的睡眠不但能帮助幼儿消除疲劳，恢复各器官的机能，更对幼儿的生长发育、身体健康有着重要意义。全日制幼儿园都要在午间安排幼儿进行2~3小时的午睡。寄宿制幼儿园还要组织幼儿晚上睡觉。幼儿睡眠好的标志：一是睡得快，睡得好，醒后精神饱满；二是睡够应睡的时间；三是有良好的睡姿和习惯。

→ 任务窗

任务卡 4-18　午睡保育工作记录

记录园所、班级：_____　　　　　记录时间：_____年____月____日

保育工作内容	具体记录	效果评析及反思改进
为幼儿创设安静、舒适的睡眠环境		
睡眠前组织幼儿脱衣、脱裤，安静入睡		
睡眠过程中注意巡视每个幼儿的情况，注意纠正不良的睡眠习惯，及时处理和记录睡眠中的特殊情况		
帮助需要帮助的幼儿穿脱衣服，盖好被子，整理床铺		
注意提醒幼儿大小便，对经常尿床的幼儿要耐心、细心		

7. 离园环节保育工作

离园是幼儿在园生活的结束,也是幼儿园一日保育工作的最后环节。其保育工作内容和重要性同样不容忽视,这是让家长对幼儿园工作放心,使孩子一天能自始至终愉快高兴并且乐意第二天继续上幼儿园的重要保证。

任务窗

任务卡 4-19 离园环节保育工作记录

记录园所、班级:_____   记录时间:____年___月___日

保育工作内容	具体记录	效果评析及反思改进
打扫活动室,为家长接孩子营造一个整洁、宽松、愉快的环境		
指导、帮助幼儿整理好衣物、书包和玩具		
协助教师安排好幼儿离园前的活动,让幼儿边活动边等待家长,以免幼儿出现焦虑心理		
主动、热情与家长沟通、交流,介绍孩子在园的生活和表现		
随时关注和清点幼儿,防止幼儿错接、漏接和未接走幼儿的情绪波动		
幼儿全部离开后,要认真检查和关闭本班的门、窗、水、电		

（四）配教支持，教养融合

1. 学习活动配教工作

幼儿学习活动是有计划、有目的地引导幼儿主动活动的多种形式的教育过程，是对幼儿实施全面发展教育的重要手段，也是幼儿一日生活的重要环节。虽以教育为主，却又渗透许多保育内容，保中有教，教中有保，保育与教育密不可分。活动前向教师了解需要配合的事项，协助教师做好活动前准备，摆放活动所需材料，安排场地等；协助教师指导和帮助个别幼儿参与活动；处理活动中的偶发事件时，方法适宜；指导或帮助幼儿做好活动结束后的收拾、整理工作。活动过程中指导幼儿时走动位置恰当，声音适度，不影响幼儿和教师的交流。

> 任务窗

任务卡 4-20 学习活动配教工作记录

记录园所、班级：_____ 记录时间：____年___月___日

保育工作内容	具体记录	效果评析及反思改进
提前配合教师布置环境，安排场地和提供教具、学具及各种操作材料		
协助教师维护好活动秩序		
对能力较弱幼儿给予帮助		
提醒和帮助幼儿保持正确的坐姿		
注意活动中幼儿的安全		
活动结束后迅速收拾材料用具，清扫消毒活动场地		

2. 游戏活动配教工作

游戏是幼儿最喜欢的活动。其内容和要求与教学活动一样,以教育为主但同时渗透着许多重要的保育工作。游戏活动的形式、内容、时间、地点,以及所需玩具都应适合幼儿的身心特点,符合卫生健康的要求,如游戏内容要积极健康,游戏形式要灵活多样,游戏时间充足但每次游戏不能过长,游戏地点及玩具要安全、新颖、无毒无害等。游戏活动前与教师进行沟通,了解活动目的和要求,做好游戏前材料、场地等准备。实习教师应观察幼儿游戏与场地安全因素,活动中随时给幼儿增减衣物;配合教师做好游戏活动对幼儿的指导,协助教师处理游戏过程中出现的问题;带领幼儿收拾、整理游戏活动材料。

任务窗

任务卡 4-21　游戏活动配教工作记录

记录园所、班级:_____　　　　　　记录时间:_____年___月___日

保育工作内容	具体记录	效果评析及反思改进
游戏前做好场地布置、设施安排、玩具提供等一切准备工作且细心检查,消除安全隐患		
游戏过程中配合教师指导幼儿正确地玩耍和运用玩具,并加强安全保护,防止意外事故发生		
与教师一道对游戏中幼儿发生的纠纷进行正确处理和引导,避免伤害幼儿的心理,提高幼儿自己解决问题的能力		
游戏结束后迅速收拾玩具,做好玩具的清点、摆放、清洗、消毒工作		

3. 户外活动配教工作

户外活动是指幼儿在室外进行的以锻炼身体为目的的活动,包括晨间户外活动、早操、课间操、户外体育锻炼、户外游戏、户外娱乐活动及散步等。《幼儿园教育纲要(试行)》中明确规定:"要保证幼儿有充分的户外活动和游戏时间。整日制幼儿园不得少于2小时。"实习教师应了解户外活动内容及要求;协助教师准备和检查场地、器械的安全;活动前检查幼儿服饰和鞋带;观察幼儿的活动量,随时提醒或帮助幼儿增减衣物,及时为出汗幼儿隔背,特别关注体弱幼儿;活动过程中协助教师指导和帮助幼儿;收拾场地,检查器械;做好幼儿活动后的护理工作,如督促幼儿洗手,用温度适宜的干净毛巾给幼儿擦面,增加衣物和饮水等。

> 任务窗

任务卡 4-22　户外活动配教工作记录

记录园所、班级:_____　　　　　记录时间:____年___月___日

保育工作内容	具体记录	效果评析及反思改进
为幼儿开展体育活动做好场地布置和运动器械的准备工作		
活动前细心检查活动场地和运动器械,检查幼儿的服装、鞋帽,消除安全隐患		
活动中与教师配合注意保护孩子的安全,如分开站位,首尾呼应,以防止意外事故发生		
根据气候条件和幼儿体质状况,提醒和帮助孩子增减衣服,为出汗的孩子及时擦汗,对体弱幼儿给予细心照顾		
随时注意幼儿动向,清点人数,防止幼儿离队和丢失		
对幼儿进行安全教育,教会幼儿自我保护的技能		
如遇意外事故发生,要沉着、冷静,在简单处理的同时及时将孩子送至医务室处理或医院救治		

（五）营养膳食，安全保健

1. 膳食营养

（1）提供营养膳食，促进幼儿健康成长

① 为幼儿提供符合国家《生活饮用水卫生标准》的生活饮用水，保证儿童按需饮水。每日上、下午各1～2次集中饮水，1～3岁儿童饮水量50～100毫升/次，3～6岁儿童饮水量100～150毫升/次，并根据季节变化酌情调整饮水量。

② 幼儿进餐环境应当卫生、整洁、舒适。餐前做好充分准备，按时进餐，保证幼儿情绪愉快，培养幼儿良好的饮食行为和卫生习惯。

（2）膳食营养

① 托幼机构应当根据儿童生理需求，以《中国居民膳食指南》为指导，参考"中国居民膳食营养素参考摄入量（DRIs）"和各类食物每日参考摄入量（见表4-2），制订儿童膳食计划。

② 根据膳食计划制订带量食谱，1～2周更换1次。食物品种要多样化且合理搭配。

③ 在主副食的选料、洗涤、切配、烹调的过程中，方法应当科学合理，减少营养素的损失，符合儿童清淡口味，达到营养膳食的要求。烹调食物注意色、香、味、形，提高儿童的进食兴趣。

④ 托幼机构至少每季度进行1次膳食调查和营养评估。儿童热量和蛋白质平均摄入量全日制托幼机构应当达到"DRIs"的80%以上，寄宿制托幼机构应当达到"DRIs"的90%以上。维生素A、B1、B2、C及矿物质钙、铁、锌等应当达到"DRIs"的80%以上。三大营养素热量占总热量的百分比是蛋白质12%～15%，脂肪30%～35%，碳水化合物50%～60%。每日早餐、午餐、晚餐热量分配比例为30%、40%和30%。优质蛋白质占蛋白质总量的50%以上。

⑤ 有条件的托幼机构可为贫血、营养不良、食物过敏等儿童提供特殊膳食。不提供正餐的托幼机构，每日至少提供1次点心。

表4-2 儿童各类食物每日参考摄入量[1]

食物种类	1～3岁	3～6岁
谷类	100～150克	180～260克
蔬菜类	150～200克	200～250克
水果类	150～200克	150～300克
鱼虾类	100克	40～50克
禽畜肉类		30～40克
蛋类		60克
液态奶	350～500毫升	300～400毫升
大豆及豆制品	—	25克
烹调油	20～25克	25～30克

---

[1] 中国营养学会妇幼分会.中国孕期、哺乳期妇女和0～6岁儿童膳食指南[M].北京：人民卫生出版社，2010.

任务窗

任务卡 4-23　健康教育记录表

日期	地点	对象	形式	内容

备注：

1. 对象是指儿童、家长、保教人员等；
2. 形式是指宣传专栏、咨询指导、讲座、培训、发放健康教育资料等；
3. 内容是指园（所）内各项健康教育活动的主要内容。

2. 保护幼儿安全,及时预防与处理意外伤害

实习生需树立爱岗敬业精神,在实习中认真履行工作职责,富有爱心、责任心,工作细心、耐心。尤其应掌握面临特殊事件发生时保护幼儿的基本方法,时时处处做有心人,及时发现和处理各种不安全因素,做到遇事不乱,应对有方。

任务窗

任务卡 4-24　幼儿意外伤害记录表

年　　月　　日

姓名:　　　　　　性别:　　　　　　年龄:　　　　　　班级:	
伤害发生日期:　　年　　月　　日　　　　伤害发生时间:＿＿:＿＿(用24小时计时法)	
当班责任人:　　　　　　　　　　　　填表人:	
伤害类型: 1＝交通事故 2＝跌伤(跌、摔、滑、绊) 3＝被下落物击中(高处落下物) 4＝锐器伤(刺、割、扎、划) 5＝钝器伤(碰、砸) 6＝烧烫伤(火焰、高温固/液体、化学物质、锅炉、烟火、爆竹炸伤) 7＝溺水(经医护人员救治存活) 8＝动物伤害(狗、猫、蛇等咬伤,蜜蜂、黄蜂等刺蜇) 9＝窒息(异物、压、闷、捂窒息、鱼刺/骨头卡喉) 10＝中毒(药品、化学物质、一氧化碳等有毒气体,农药,鼠药,杀虫剂,腐败变质食物除外) 11＝电击伤(触电、雷电) 12＝他伤/攻击伤	
伤害发生地点: 1＝户外活动场　2＝活动室　3＝寝室　4＝卫生间　5＝盥洗室 6＝其他(请说明＿＿＿＿＿＿＿＿)	
伤害发生时活动: 1＝玩耍娱乐　2＝吃饭　3＝睡觉　4＝上厕所　5＝洗澡　6＝行走　7＝乘车 8＝其他(请说明＿＿＿＿＿＿＿＿)　9＝不知道	
伤害发生时和谁在一起: 1＝独自一人　2＝老师　3＝小伙伴　4＝其他(请说明＿＿＿＿＿＿＿＿)　5＝不知道	
受伤后处理方式(最后处理方式): 1＝自行处理(保健人员)且未再就诊　2＝医疗卫生机构就诊　3＝其他(请说明＿＿＿＿＿＿＿＿)	
如果就诊,诊断是:＿＿＿＿＿＿＿＿＿＿＿＿＿＿＿＿＿＿	
因伤害休息多长时间(包括节日、假期及周末):＿＿＿天	
转归:1＝痊愈　2＝好转　3＝残疾　4＝死亡	

续　表

简述伤害发生经过(对损伤过程作综合描述)：

（六）关键能力

1. 幼儿一日生活的照护能力

保育实习中实习生需要具备的首要关键能力是对幼儿一日生活的照护能力。灵活运用日常生活照料、护理和急救技术、营养与喂养、常见病的预防、传染病的预防等保健知识；高度关注幼儿生活中各种安全隐患分析和预防措施，防灾及突发事件处理；熟练掌握活动场地、幼儿用具的常见消毒工作与清洁卫生的质量标准与操作技能，保管好班级物品。

（1）健康观察的能力

包括对不同年龄段幼儿身体基本状况的观察、特殊情绪的观察、预防接种后的观察等，并能对典型问题进行分析与建议。

（2）组织进餐的能力

包括为幼儿营造温馨舒适的进餐环境，介绍饭菜营养，调动幼儿食欲，渗透营养知识，指导幼儿独立进餐，并养成餐后漱口、擦嘴、收拾碗筷等良好习惯。

(3) 组织盥洗的能力

包括做好盥洗前的各项准备工作,帮助幼儿掌握正确的盥洗方法,适时指导幼儿盥洗等。

(4) 指导如厕的能力

包括培养幼儿良好的如厕常规,掌握组织幼儿如厕的基本方法,能亲切地照护好小班幼儿如厕,指导中大班幼儿逐步学习独立如厕等。

(5) 组织睡眠的能力

包括建立良好的班级午睡常规,掌握帮助幼儿入睡的基本方法,能照顾、安抚好个别难以入睡幼儿,做好个别化照护工作。

(6) 常见意外伤害处理的能力

包括幼儿园常见意外伤害的基本知识及预防,和常见意外伤害急救处理的措施与方法。

2. 保教融合的能力

实习生在保育实习工作中的另一个关键能力是保教融合能力。在幼儿日常生活环境中、意外事故中及时对幼儿进行安全自护随机教育,积极参与到幼儿园生活活动、学习活动、游戏活动、户外活动中,积极与教师配合、与家长配合,掌握一定的微观教育策略。

(1) 协助配教的能力

包括参与玩教具制作的过程,掌握制作玩教具的原则,协助班级教师制作玩教具,在活动中协助指导幼儿操作使用玩教具等。

(2) 活动中观察指导的能力

包括在教师组织一日活动的过程中,实习生要掌握观察幼儿的方法,及时对体弱、肥胖、或有多动、胆怯等表现的幼儿进行及时的支持与个别指导。

(3) 家园共育的能力

要及时与家长沟通,了解不同幼儿的照护需求,掌握与家长有效沟通的策略与小技巧,充分运用倾听观察、肢体安抚等方法悉心照料幼儿,帮助家长了解更多保育工作的正面信息,以专业的解释回应家长的疑惑,变"被动接受"为"主动参与",积极与指导教师沟通,在不断反思和改进中提升自己的保育能力。

拓展阅读

《幼儿园保育员工作指南》,伍香平、彭丽华主编,中国轻工业出版社,2014年。

《保育员——岗位实用手册》,人力资源和社会保障部教材办公室组织编写,中国劳动社会保障出版社,2016年。

《保育员工作的99个问答》,黄姝主编,语文出版社,2017年。

《保育员工作手册》,王普华主编,中国劳动社会保障出版社,2015年。

《幼儿园保育工作手册》,梁雅珠、陈欣欣主编,人民教育出版社,2016年。

《幼儿生活活动保育》,宋彩虹、邹梦雨、龚敏主编,华东师范大学出版社,2020年。

《幼儿保育与教育学》,侯丽敏主编,北京师范大学出版社,2018年。

→ **任务窗**

任务卡 4-25　个人行为规范考评细则

序号	基本要求	满分	自评得分	小组评分	教师评分	实得分
1	热爱幼儿,尊重幼儿	10				
2	以身作则,为人师表	10				
3	谦虚谨慎,虚心请教	10				
4	积极思考,认真钻研	10				
5	坚守岗位,尽职尽责	10				
6	工作主动,热爱劳动	10				
7	服从安排,团结协作	10				
8	尊敬家长,待人热情	10				
9	遵守纪律,爱护财物	10				
10	仪表整洁,举止文明	10				
合计		100				

幼儿园教师评语	学校带队教师评语
           签字: 　　　年　月　日	 签字: 　　　年　月　日

三、常见问题与对策

1. 你会在入园环节对幼儿怎样进行晨间检查?

要做到一摸、二看、三问、四查、五防。

一摸:摸幼儿额头、颈部和手心有无发热。

二看:幼儿精神面貌和卫生情况,有无流涕、流泪、结膜充血,身上有无皮疹,咽部是否充血,体表有无伤痕,指甲是否过长等。

三问:问幼儿在家的饮食、睡眠、大小便等一般情况及有无传染病接触史。

四查:查幼儿是否携带不安全物品。

五防:传染病流行季节,应重点检查有无传染病接触史及早期症状和体征。晨检中发现幼儿有传染病或其他疾病表现时,通知家长带其到医院检查治疗。

在晨检基础上,向幼儿发放晨检牌,向健康幼儿、服药幼儿、待观察的幼儿发放不同的晨检牌,由幼儿或家长带回班级。

2. 你应如何配合保健医生做好幼儿的服药工作?

检查家长填写的委托服药登记表,并核对药品。药物必须由保健医生妥善保管在保健室内幼儿拿不到的地方。午餐半小时后,把药品送交给带班老师,并做好交接记录,做好晨检记录。

服药要求:由保健医生负责喂药,喂药时间日托为餐后20分钟;鼓励幼儿自己吃药,甜药先吃,苦药后吃,保健医生必须看着幼儿把药吃下再离开;只接受家长送治疗性药物,不接保健药和滋补药;用药前要核对班级、姓名、药名、用药时间、剂量、药物是否沉淀变质。

幼儿园用药注意事项:止泻药饭前服;对胃有刺激的药和祛痰药饭后服;感冒时尽量不用抗生素;体温38以下不用退烧药;咳嗽时不要乱用止咳药。

3. 你如何做好班级活动室的空间消毒工作?

每日开窗通风。一般情况下,每周进行空气消毒一次,传染病流行季节,每天消毒一次。用消毒灯消毒时要注意关好门窗,室内无人,时间30分钟,消毒结束开窗通风30分钟后,幼儿方可入内。

4. 你知道幼儿园医务室配备了哪些医疗器材吗?

视力灯、消毒灯、升高测量器、体重秤、消毒液、血压计、消毒柜、超声雾化器、体温表、听诊器、敷料缸、方盒、药柜、资料柜、观察床、桌椅等。

5. 你知道如何开展幼儿体格锻炼活动吗?

结合各年龄和季节不同安排多样的体格锻炼内容,并充分利用阳光、空气、水等自然因素让幼儿参加户外活动和锻炼。每日户外活动时间不少于2小时,体育活动时间不少于2小时,提高幼儿对外界气候变化的适应能力,增强幼儿对疾病的抵抗能力。在户外活动中,要进行适合幼儿生理条件的体育活动,只要是不妨碍幼儿安全的活动都可以进行。

活动时要掌握幼儿的活动密度和负荷量,做到动静交替,对"疯玩"过度的幼儿要让其休息一会。炎热夏季要避免幼儿过多的跑跳,以防脱水或中暑。

6. 你会怎样合理安排幼儿一日生活制度呢?

(1) 根据幼儿年龄特点、季节变化情况制定幼儿一日生活安排表。

(2) 将幼儿一日生活的主要内容(睡眠、进餐、活动、游戏等)各个生活环节的时间、顺序、次数和间隔给予科学合理的安排,结合季节特点并考虑家长的工作时间和需要。

(3) 寓教于一日生活之中,注意动静结合和室内外活动结合。每日户外活动时间日托不少于2小时,全托不少于3小时,体育活动时间不少于1小时。

(4) 取得家长配合,保证幼儿出勤率。

7. 幼儿卫生习惯的培养主要指哪几个方面?

饮食、睡眠、盥洗、大小便、自理与互助。

8. 怎样做好班级消毒工作?

(1) 房屋空间:每日开窗通风,一般情况下每周空气消毒一次,传染病流行季节每天消毒一次。关好门窗,用消毒灯消毒30分钟。

(2) 毛巾:每日清洗消毒一次,用1:500的84消毒液浸泡5~10分钟。

(3) 毛巾架:每日用清水擦去浮沉,每周用消毒液擦洗一遍。

(4) 水杯:水杯要专人专用,如果一天内水杯只用来喝水只消毒一次,如果用水杯喝牛奶或豆浆必须立即清洗并放入消毒柜消毒,一般20分钟左右。

(5) 水杯箱:每天清晨用消毒液抹一遍,每周清洗消毒一遍。

(6) 餐巾:餐巾每次在餐前放入消毒柜消毒,也可将餐巾在就餐前放入消毒液中浸泡5~10分钟。

(7) 保温桶:每天晨间将桶身用消毒液擦一遍,每日晚间清洗桶内。

(8) 玩具:每周清洗消毒一次,塑料玩具可用肥皂粉清洗,冲洗干净后在阳光下暴晒2小时,木头玩具可用酒精或消毒液擦拭或日光暴晒,玩具柜每周用消毒液擦拭1~2遍。

(9) 被褥:每两周晒一次,每次2~4小时,如遇雨季可将被褥打开用消毒灯照射半小时,床单、枕套、被套每月清洗一次。

(10) 床围栏:每日用清水抹窗台上浮灰,每周用消毒液擦一遍。

(11) 窗帘:每两个月清洗一次。

(12) 床前地垫:每周清洁消毒一次,可用消毒灯照射或消毒液浸泡5~10分钟。

(13) 桌椅家具:每日用清水擦一遍,进餐前先用清水抹一遍,再用消毒液擦拭,然后用清水抹一遍。若桌面很脏,第一遍用洗涤灵水,第二遍用清水,第三遍用消毒液,第四遍用清水。一块抹布不能一抹到底,一张桌子一块抹布。

(14) 厕所:每天早晚各用消毒液冲洗清刷一次,大小便后流水随时冲洗。

9. 提醒幼儿喝水时应注意些什么?如何为水杯消毒呢?

幼儿入园半小时后,保温桶内应有幼儿饮用水,保证幼儿随时喝到温度适宜的温开水;水杯箱里也要有消好毒的水杯供幼儿饮水使用;应注意水温不宜过烫,也不宜过冷,以水滴到成人手背不烫为标准。

水杯消毒：水杯要专人专用，如果当天只用来喝水，茶杯需要消毒一次，如果用水杯喝牛奶或豆浆，必须立即清洗后放入消毒柜消毒，一般消毒20分钟左右。

10. 幼儿洗手时，你会如何指导呢？

（1）洗手时教幼儿怎样卷袖子或往上拉，冬天穿着过多或小托班的幼儿由老师帮助卷袖子。

（2）洗手时手心、手背、手指缝到手腕关节活动处都要洗。先用流水淋湿手心、手背等处，然后抹上肥皂，双手必须搓出肥皂泡后用流水冲洗干净后在水池内甩三下，防止水滴在地板上，用自己的毛巾擦干双手，小幼儿要帮他拉袖子。

（3）给幼儿盥洗时，老师动作要轻柔，语言和蔼可亲，不要留长指甲或戴容易刮伤幼儿皮肤的戒指。

（4）盥洗室中的老师在幼儿盥洗时不能离开，必须等到最后一个幼儿洗完后才能离开。

（5）对身体不适的幼儿参加盥洗要给予特殊照顾和帮助。

（6）盥洗结束后保育员负责清理消毒，拖干净地面水渍，摆放整齐各类物品。

11. 组织幼儿户外活动时应注意什么？

晨间户外活动时，保教人员应全部到户外，观察注意每一位幼儿，不妨碍幼儿安全的活动都可以进行。户外活动时，幼儿衣着不宜过多，活动前要检查幼儿的裤子和鞋带是否系好；遇到幼儿喝水或大小便，需保育员护送到班上，完成后送回；保教人员要全神贯注，不得随意离开幼儿，如有特殊情况要交代给其他在岗人员，切勿匆匆离岗；保教人员也不能聚在一起聊天；要注意户外场地的安全，有无凹坑、玻璃、碎砖等，如有戏水池或带棱角的花坛，要让幼儿避开；不要让幼儿触碰带刺的植物或采摘植物的小果子，以免误入呼吸道发生意外；保育老师负责善后整理和安全防护工作。

幼儿做操时要有教师带领，保育员观察幼儿的情绪、衣着等，对患病儿童应减低锻炼强度或让其休息。玩户外大型玩具时幼儿必须在保教人员的照顾下和帮助卜进行，玩前要先检查一下大型玩具是否有松动、裂口、翘刺、翘钉等现象。提醒幼儿按顺序玩，不要拥挤和推搡。

12. 幼儿园的安全工作有哪些？

园长总负责，园内有专人负责安全工作，建立安全工作小组，加强保教人员的责任心。

（1）加强门卫管理，每日晨检结束即关大门，放学按时开门。坚持做好出入园记录。

（2）各班坚持使用接送卡，防止幼儿丢失，防止生人接走幼儿。

（3）加强安全检查监督工作，定期检查园内设施是否有油漆剥脱，是否有带钉、木刺、棱角、裂缝、绊脚的桌椅，地面是否过滑，大型玩具连接处是否松动等；定期检查园内和班级内有无安全隐患，如水瓶、开水、过烫的饭菜、刀剪、图钉、锁扣、消毒液、电源插座、药品、暖气等。

（4）加强晨检力度，要严格做好一摸二看三问四检查工作，不允许幼儿携带任何危险物品入园，如发现带有圆钝、尖利、花生米、火柴等物品立即没收或让家长带回，并告之幼儿及家长其危害性。

(5) 严格执行《食品卫生法》的规定，严防食物中毒。食堂和库房防止闲人进入，不带幼儿进入食堂和开水间等。

(6) 注意室内外环境卫生，每日进园离园要进行卫生打扫，消灭四害，保证园内无蚊蝇、蟑螂、老鼠，保持厕所无异味、无污水、无污垢。

(7) 工作时间注意力集中，不干私活，不会亲访友，不串门交谈，防止幼儿发生意外。

(8) 工作人员的车辆要摆放在园内指定的地方。

(9) 园内要有安全通道，每日下班后，要有专人检查门窗、电源、火源及油源是否关闭。

第五部分 教育实习指导

情境导入 →

国庆节后的第一天是我第一次组织下午的半日活动,在三点半户外活动结束集体回到班级之后,我安排的是复习歌曲和讲述绘本故事。在班级老师帮助下,幼儿换好衣服坐好后,我一边弹钢琴一边请幼儿跟唱歌曲《钓鱼》。由于准备不充分和过于紧张,弹奏的旋律断断续续的,幼儿在琴声中断的时候开始小声说话,分散了注意力。唱了两遍之后,我开始给幼儿讲述绘本故事《母鸡萝丝去散步》,讲故事的过程中,纪律开始有些管不住了,幼儿开始吵闹,还有些幼儿问到一些我没有准备的问题,我利用口令"小小手放腿上,小眼睛看老师"来维持秩序,但过不了一会儿,纪律又乱了……最后,绘本故事活动在一片吵闹声中结束,我也不禁开始思考自己活动组织的不足之处。

这是某学前教育专业学生在教育实习期间写的实习记录。请认真阅读并思考如何有效组织幼儿园的半日活动。

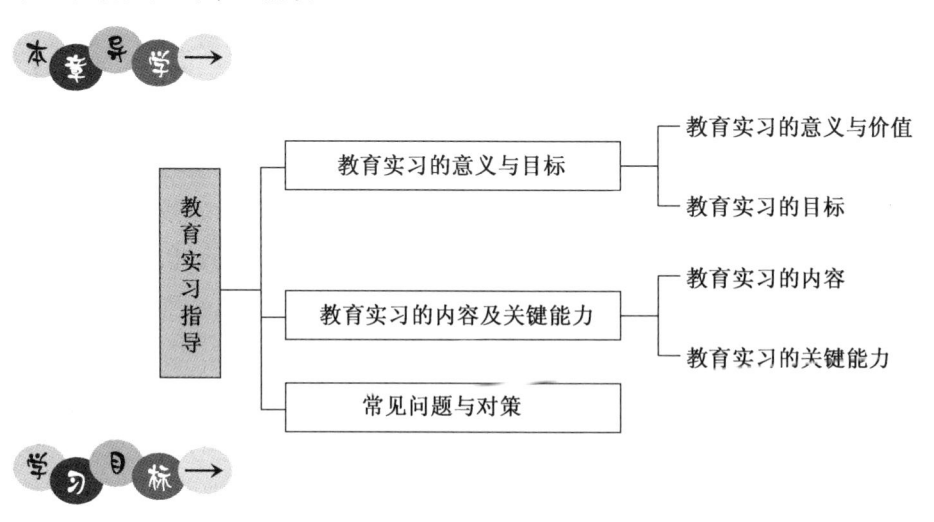

本章导学 →

```
                               ┌─ 教育实习的意义与价值
              ┌─ 教育实习的意义与目标 ─┤
              │                └─ 教育实习的目标
              │
教育实习指导 ─┤                ┌─ 教育实习的内容
              ├─ 教育实习的内容及关键能力 ─┤
              │                └─ 教育实习的关键能力
              │
              └─ 常见问题与对策
```

学习目标 →

1. 理解教育实习的价值与意义,增强专业情意。
2. 明确教育实习的各项内容与要求,掌握教育实习各项任务的设计与实施要点。
3. 提升环境创设与利用、游戏活动支持与引导、教育活动设计与组织、一日活动计划与组织、沟通与合作等专业能力,为未来成为合格的幼儿教师奠定基础。

《中国教育百科全书》指出,教育实习是"师范院校学生参加教育、教学实践的学习活动,是体现师范教育特点,培养合格师资的重要教育环节,是各级师范学校教育中不可缺少的组成部分。"[1]《教育大词典》指出,教育实习是"各级各类师范院校高年级学生到实习学校进行的教育、教学专业实践的一种形式,包括参观、见习、试教、代理或协助班主任工作以及参加教育行政工作等。"[2]《实用教育大词典》将教育实习定义为:"中等师范以上院校,高年级学生到小学或中学进行教育和教学专业实践的一种形式。"[3]

学前教育专业教育实习既有教育实习的共性特点,又具有区别于其他学段的特殊性。针对学前教育专业的特点,将学前教育专业教育实习界定为"在院校统一安排下,在高校教师和幼儿园教师的共同指导下,高校学前教育专业学生运用所学专业知识参加的进入幼儿园的综合性教育实践活动,以提高自身的保教技能,在实践和反思中提升幼儿教师专业素养。"

一、教育实习的意义与目标

实践教学是帮助学前教育专业学生深化专业知识理解、形成专业实践能力和养成专业情意的关键环节,教育实习是学前教育专业实践教学的重要一环,对于学生的发展与成长来说具有重要的价值与意义。

(一)教育实习的意义与价值

1. 教育实习是提升幼儿教师培养质量的重要途径

《国家中长期教育改革和发展规划纲要(2010—2020年)》指出:"增强实习实践环节,强化师德修养和教学能力训练,提高教师培养质量。"2010年《国务院关于当前发展学前教育的若干意见》提出"多种途径加强幼儿教师队伍建设","完善学前教育师资培养培训体系"。2016年3月教育部颁布《关于加强师范生教育实践的意见》,提到"师范生教育实践不断加强,但是还存在着目标不够清晰、内容不够丰富、形式相对单一、指导力量不强、管理评价和组织保障相对薄弱等问题。"《幼儿园教师专业标准(试行)》的实施建议部分明确提出开展幼儿园教师教育的院校要"重视社会实践和教育实习",教育实习作为准教师正式入职前的预备环节,是提升教师质量的重要途径。教育实习对于学前教育专业学生来说,是一次真正走入教育实践,接触、了解幼儿,尝试幼儿园实践工作的机会,也是发展其教育能力的重要契机。

2. 教育实习是增强职业道德和养成专业情意的关键环节

强化教师教育的教育实习实践环节,培养师范生的职业理想、职业道德和职业情感,增强教书育人的责任感和使命感,立德树人,应作为师范院校培养目标的第一要务和追求。[4] 在教育实习过程中,学生通过幼儿园文化的浸润、优秀幼儿园教师的示范引领、教

---

[1] 张念宏. 中国教育百科全书[M]. 北京:海洋出版社,1991:118.
[2] 顾明远. 教育大辞典(第二卷)[M]. 上海:上海教育出版社,1998:773.
[3] 王焕勋等. 实用教育大词典[M]. 北京:北京师范大学出版社,1995:233.
[4] 高敬. 幼儿园教育见习与实习指导[M]. 上海:上海交通大学出版社,2018:120.

育活动观摩与评价、专门开展的师德师风学习活动等,将会在参与教育实践与丰富专业体验的基础上,提高学生热爱幼儿、热爱学前教育专业的情感,坚定职业信念和理想,增强职业道德和职业情感,更好实现专业认同,养成专业情意。

3. 教育实习是达成培养目标的重要实践课程

具备与工作岗位相关的专业能力是学前教育专业学生的重要培养目标。教育实习是最具师范特色的综合实践课程,是对学生综合素质的全面检验和整体锻炼。《幼儿园教师专业标准(试行)》强调幼儿园教师必须具备的教育教学实践能力包括环境的创设与利用、一日生活的组织与保育、游戏活动的支持与引导、教育活动的计划与实施、激励与评价、沟通与合作、反思与发展。通过教育实习,学生近距离观察与了解幼儿的生活、学习和幼儿教师的保教工作,学生在真实的岗位情境中感受幼儿教师工作的灵活性与复杂性,将课堂所学与工作实践融合在一起,进而提高专业能力,有力支持培养目标的达成。

(二)教育实习的目标

1. 全面了解幼儿园教育实践,将专业知识运用于实践

在全面、深入进行专业学习后,学生通过教育实习,在教育实践中加深对理论知识的理解。教育实习为学生展现出生动而真实的幼儿发展情境,使学生进入真正的幼儿保教工作中,这是在校理论学习所不能实现的。在幼儿园教育实习过程中,学校教师要与幼儿园实践导师相互沟通和合作,共同为学生制定合理的教育实习计划,提出学习要求,促使学生在实践中加深对专业知识的理解,运用专业知识解决实习过程遇到的问题,将理论学习与实践工作融合起来,促成知行合一。

2. 熟悉幼儿园教师工作岗位职责与内容,积累实践经验

教育实习是综合性的实践活动,学生会全面参与到幼儿园真实工作的方方面面,在真实的工作情境中观察、体验、学习、积累、反思,会对幼儿园教师工作的流程、内容、要求、职责等有全面的体验和了解。教育实习中学生要逐渐熟悉幼儿园教师工作岗位的职责与内容,积累一定的实践经验,为成为一名合格的幼儿园教师奠定坚实的基础。

3. 增强教育教学实践能力与专业发展能力

教育实习过程中,学生在幼儿园实践导师的带领下,逐步独立承担班级环境创设、游戏活动的支持与引导、教育活动的设计与实施、半日活动的组织、家园沟通等工作,在实践中不断锻炼提升教育教学能力。与此同时,教育实习过程中的磨课研讨、优质课观摩学习、参与园所教研活动、教学反思撰写等工作,也将促使学生不断反思与总结,提高自身专业素质与专业发展能力。

二、教育实习的内容及关键能力

教育实习应遵循"师德为先,幼儿为本"的理念,关注于学生专业情意与专业能力的培养。一般来说,教育实习是逐渐深入展开的,学生从观察学习开始,在学校教师与幼儿园实践导师的帮助与支持下,逐步独立开展幼儿园保教实践工作。

（一）教育实习的内容

教育实习一般包含三个阶段。第一个阶段是观察准备阶段，在这一阶段学生主要是观摩学习幼儿园教师的保教工作，熟悉幼儿园一日工作流程，熟悉幼儿园各种活动的组织与开展，积累实践知识和感性经验，为下一阶段承担工作做准备；第二个阶段是尝试参与阶段，该阶段学生在幼儿园实践导师的指导下，部分参与幼儿园的保教工作，尝试独自组织与实施一日活动中的某个环节，并不断总结与反思，为能够独立承担工作任务奠定基础；第三个阶段是独立实践阶段，在这一阶段学生尝试独自设计、组织与实施幼儿园的一日活动，在学校教师与幼儿园实践导师的支持、帮助下，全面而独立地开展幼儿园保教实践工作。针对这三个阶段，幼儿园教育实习内容及具体要求见表5-1。

表5-1 教育实习的内容

阶段	实习内容	实习要求
第一阶段 观察准备阶段	熟悉园所、班级、幼儿情况，认真学习园所规章制度及班级带班要求；认真观摩幼儿园班级一日常规活动，熟悉一日活动的内容和流程	1. 观察、记录、分析实习班级幼儿的行为表现，熟悉该年龄段幼儿发展特点与幼儿的个体差异 2. 观察、记录、分析幼儿园教师一日活动中的保教工作，了解各项规章制度、班级常规工作和带班要求 3. 观察、记录、分析班级半日活动流程，熟悉班级半日活动计划及各类教育活动的设计要点 4. 尝试参与班级环境创设与材料制作，熟悉班级环境创设要点
第二阶段 尝试参与阶段	在学校导师与幼儿园实践导师的帮助下，尝试参与幼儿园半日活动的组织与实施工作	1. 根据班级幼儿特点和教育目标，尝试设计某一种教育活动，如游戏活动、集体教育活动等，并在学校导师和幼儿园导师的指导下，修改、完善活动设计，掌握活动设计要点 2. 在幼儿园实践导师帮助下，尝试组织与实施自己设计的教育活动，积累活动实施实践经验，并认真进行反思、总结，为下次活动组织与实施积累经验 3. 继续观察、记录与分析幼儿教师一日活动中的保教行为、一日活动流程、各类教育活动设计与实施要点，包括游戏活动组织、集体教育活动设计与实施、班级环境创设、户外活动组织、家长工作等
第三阶段 独立实践阶段	尝试独立承担幼儿园一日活动的组织与实施	1. 尝试自己设计完整的半日活动计划，包括各类教育活动的设计 2. 实践自己所设计的半日活动计划，及时与学校导师与幼儿园实践导师沟通交流，积累实践经验，并根据实施过程中的问题、效果认真进行反思、总结 3. 尝试自己设计与实施一日活动，做好充足的准备，并及时总结经验 4. 尝试与家长进行沟通与交流，增强家园沟通能力 5. 根据教育活动计划，进行班级环境创设与材料制作，掌握环境创设与材料制作的方法 6. 参与组织幼儿园大型活动 7. 参与幼儿园师德师风学习、教研活动，主动学习，吸取经验，增强专业情意与反思能力

任务窗

任务卡 5-1　实习园基本情况

实习园所：_____　　班级数：_____

园所教育理念：

情况简介：

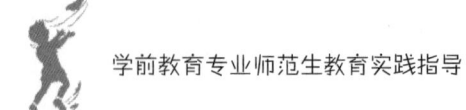

任务卡 5-2　实习班基本情况

实习班级：_____　　幼儿人数：_____　　男孩人数：_____　　女孩人数：_____

教师人数：_____　　主班教师：_____　　_____

保育员：_____

基本情况：

特殊儿童情况简介：

任务卡 5-3　实习班常规要求

任务卡 5-4 实习班幼儿名单

姓名	性别	年龄	姓名	性别	年龄

任务卡 5-5　教育实习计划

实习园所		实习班级		指导教师	
实习目标					
实习任务					

序号	实习内容
1	
2	
3	
4	
5	
6	
7	
8	
9	
10	

(二)教育实习的关键能力

在幼儿园教育实习中,学生应具备的关键能力主要有环境的创设与利用能力、游戏活动的支持与引导能力、教育活动的计划与实施能力、一日活动的计划与组织能力以及沟通与合作能力等。

表 5-2 教育实习的关键能力[①]

关键能力	环境的创设与利用能力	1. 建立良好的师幼关系,帮助幼儿建立良好的同伴关系,让幼儿感到温暖和愉悦。 2. 营造良好的班级氛围,让幼儿感受到安全、舒适。 3. 创设有助于促进幼儿成长、学习、游戏的教育环境。 4. 合理利用资源,为幼儿提供和制作适合的玩教具和学习材料,引发和支持幼儿的主动活动。
	游戏活动的支持与引导能力	1. 提供符合幼儿兴趣需要、年龄特点和发展目标的游戏条件。 2. 充分利用与合理设计游戏活动空间,提供丰富、适宜的游戏材料,支持、引发和促进幼儿的游戏。 3. 鼓励幼儿自主选择游戏内容、伙伴和材料,支持幼儿主动地、创造性地开展游戏,充分体验游戏的快乐和满足。 4. 引导幼儿在游戏活动中获得身体、认知、语言和社会性等多方面的发展。
	教育活动的计划与实施能力	1. 制定阶段性的教育活动计划和具体活动方案。 2. 在教育活动中观察幼儿,根据幼儿的表现和需要,调整活动,给予适宜的指导。 3. 在教育活动的设计和实施中体现趣味性、综合性和生活化,灵活运用各种组织形式和适宜的教育方式。 4. 提供更多的操作探索、交流合作、表达表现的机会,支持和促进幼儿主动学习。
	一日活动的计划与组织能力	1. 合理安排和组织一日生活的各个环节,将教育灵活地渗透到一日生活中。 2. 充分利用各种教育契机,对幼儿进行随机教育。
	沟通与合作能力	1. 使用符合幼儿年龄特点的语言进行保教工作。 2. 善于倾听,和蔼可亲,与幼儿进行有效沟通。 3. 尊重班级教师、保育员及幼儿园其他工作人员,交流顺畅,相处和谐。 4. 与家长进行有效沟通合作,共同促进幼儿发展。

---

① 依据《幼儿园教师专业标准(试行)》制订。

1. 环境的创设与利用

班级环境创设是幼儿园的一项常规工作,学生通过教育实习要能够创设安全、适宜、全面,有助于促进幼儿成长、学习、游戏的物质环境,合理利用资源,为幼儿提供和制作适合的玩教具和学习材料。要创设良好的环境,需要做好良好师幼关系的建立、班级氛围的营造、主题与区域活动环境创设和学习材料制作等工作。

(1) 建立良好的师幼关系,营造舒适的班级氛围

作为实习教师,应该尊重、关爱每一位幼儿,接纳幼儿之间的个体差异和每位幼儿的独特之处,对每位幼儿友善,通过语言、动作、眼神等向每位幼儿表达友好,建立良好的师幼关系,帮助每位幼儿建立良好的同伴关系,营造安全、舒适的班级氛围。

(2) 主题活动环境创设

主题环境的创设要遵循安全性、参与性、教育性、动态性、审美性和低成本的原则,材料要安全,能够吸引幼儿,富有童趣,具有一定的美感。主题活动环境创设要围绕班级教育目标,寓教育于环境之中,环境创设与主题活动开展相互配合与支持;主题环境创设要随着主题活动的开展而不断变化;主题环境的创设要给予幼儿共同参与设计、布置的机会,并且主题环境的创设要能与幼儿互动。

(3) 区域活动环境创设

区域环境的创设要与幼儿的年龄特点、发展水平与需求、生活经验和正在开展的教育活动等相符合。常见的活动区有角色扮演区、表演区、建构区、语言区、益智区、美工区、安静区、自然角等。每个活动区教育目标不同,所承载的教育功能也各不相同,所需要的空间设置也不相同。有的活动区需要开放的空间,有的则需要相对围合。比如语言区、科学区在活动时需要幼儿有高度的专注力,因此在设置区域空间时需要相对围合、安静;而艺术区的活动重点在于提升幼儿对于美的表现力和创造力,为了能让幼儿自由、开放地开展活动,则需要开放性的空间。

区域活动的材料投放要注意安全性、可操作性、层次性和丰富性。安全、环保是材料投放首先要考虑的因素。儿童的智慧源于操作,区域活动的本质是幼儿通过操作材料获得个性化发展,因此材料的可操作性是区域活动材料投放的核心。同时,活动区的材料要数量充足、种类丰富,并根据幼儿的发展水平和需求投放难易程度不一的活动材料。区域活动的材料也要注意根据幼儿的发展进行删减、替换和添加。

→ 任务窗

任务卡 5-6 与幼儿一起完成班级环境创设

班级		时间	
具体任务			
目 的			

续　表

设计方案 （可附设计图）	
实施方法	

续 表

环境创设效果 （可附图片）	
体　　会	

2. 游戏活动的支持与引导

游戏是幼儿的天性，是幼儿园的基本活动，游戏是幼儿主动的、自愿的活动，它是适应幼儿内部的需要而产生的，幼儿参与游戏只重过程，不重结果。幼儿游戏的过程，实际上是幼儿主动与环境、材料相互作用的过程，所以，对游戏活动的支持与引导，重要的是创设游戏活动环境，保证幼儿的游戏时间，观察幼儿的游戏行为并进行适宜的引导。

游戏活动的类型包括创造性游戏与规则游戏两大类，创造性游戏主要有角色扮演、表演游戏和建构游戏，规则游戏则包括智力游戏、体育游戏和音乐游戏。同时，我国还有大量流传于民众生活中的民间游戏，民间游戏具有极强的趣味性，符合幼儿好奇、好动的特点，种类丰富，对于幼儿身体、语言、认知、社会性的发展都极具价值，也是我国传统文化的组成部分。在进行游戏活动的支持与引导时，要注意以上七类游戏活动的组织与支持引导。

《幼儿园工作规程》指出"以游戏为基本活动，寓教育于各项活动之中"，"幼儿园应当将游戏作为对幼儿进行全面发展教育的重要形式。幼儿园应当因地制宜创设游戏条件，提供丰富、适宜的游戏材料，保证充足的游戏时间，开展多种游戏。"教育实习中应当根据幼儿的年龄特点指导游戏，鼓励和支持幼儿根据自身兴趣、需要和经验水平，自主选择游戏内容、游戏材料和伙伴，使幼儿在游戏过程中获得积极的情绪情感，促进幼儿能力和个性的全面发展。教育实习计划中要明确写上游戏活动开展的时间和地点，游戏的名称和具体活动内容，为幼儿创设游戏的条件，并进行观察、支持与引导。

根据教育部办公厅关于印发《学前教育专业师范生教师职业能力标准（试行）》的文件

通知,学生通过教育实习要能够具备支持幼儿游戏的能力,一方面能够提供充足的游戏活动空间,另一方面学会观察分析幼儿的游戏,支持幼儿在游戏活动中获得身体、认知、语言和社会性等多方面的发展。

案例分享

规则游戏方案书写
——以语言游戏"我会变"为例

游戏目标
1. 喜欢和同伴玩"我会变"的游戏,感受用肢体变出各种东西的乐趣。
2. 理解游戏的玩法和规则。
3. 能够用自己的肢体变出各种东西,并能用变出来的东西说话。

游戏准备
1. 呈现演员、小朋友变各种东西的画面。
2. 教师有意识地用肢体变一些东西让幼儿猜。

游戏过程
1. 创设游戏情境
导入语:今天我学了一样新本领——我会变。我会用我的身体变出各种各样的东西。请你们猜一猜,说一说。
2. 介绍玩法和规则
(1) 教师示范游戏的玩法。
① 教师边念儿歌边做动作,儿歌一念完就变出"山羊"请小朋友猜,若猜对了就说"对对对,我变的就是一只山羊,我还会用'山羊'说一句好听的话:小山羊咩咩叫,爬上山坡吃青草。"
② 教师变出"花",并用"花"说一句话:秋天来了,五颜六色的菊花开了,真漂亮!
③ 教师变出"茶壶",并用"茶壶"说一句话:小茶壶,泡茶香,红茶绿茶保健康。
(2) 教师讲解游戏的玩法和规则。
讨论:刚才,我用肢体变了哪几样东西?
我是怎么变出来的?为什么不能动?
别人猜对了(或猜错了)应该怎样做?
最后我还用变出来的东西干什么了?
3. 引导幼儿游戏
(1) 教师尝试和几位幼儿游戏,其他幼儿观察。
(2) 根据幼儿尝试游戏的情况指出问题,进一步强调游戏的规则。
4. 幼儿自主游戏
幼儿自由结伴游戏,教师观察并巡视指导。
5. 尝试新玩法
(1) 启发幼儿动脑玩出新花样。
(2) 巧妙推出游戏的新玩法:两人、三人、合作变东西,学说话。

游戏延伸
鼓励幼儿在日常生活中和同伴一起玩;还可以回家后和家人一起玩。

游戏资源
我会变
玩法
两个幼儿一起游戏。一个幼儿一边做动作一边念儿歌:"我的身体真是棒,小手小脚真灵巧,开动脑筋想一想,变出什么请你瞧。"儿歌一念完,念儿歌的幼儿就用肢体变出一样东西让对方猜,对方猜中后,念儿歌的幼儿就说:"对对对,我变的就是×××",然后自己用变出的东西说一句话。
规则
1. 儿歌念完后必须变出一样东西并定格不动。
2. 对方猜中后,念儿歌的幼儿必须用所变的东西说一句话。

> **任务窗**

请分别对角色扮演游戏、表演游戏、建构游戏中教师对幼儿的支持与引导行为进行观察记录。

任务卡 5-7　创造性游戏支持与引导教师行为观察记录

幼儿园：		教师：		日期：

游戏类型：角色扮演游戏		游戏名称：	
观察项目	观察内容	观察到的打"√"	我的反思
游戏活动	1. 合理规划与设计游戏空间		
	2. 游戏材料数量充足、种类丰富，高结构材料与低结构材料比例适宜，满足幼儿游戏需求		
	3. 游戏材料安全、环保，具有可操作性		
	4. 游戏活动开始前提出或与幼儿共同讨论游戏的规则、注意事项		
	5. 有目的地运用各种观察方法观察幼儿游戏情况，包括幼儿的同伴交往、材料操作、注意力持续时间等，做好观察记录		
	6. 运用平行介入、交叉介入等适宜的方式适时指导幼儿游戏，不过多干预，不打扰幼儿游戏的正常开展		
	7. 保证幼儿拥有足够的游戏时间		
	8. 游戏后，引导幼儿收拾整理材料，养成良好的行为习惯		
	9. 善于发现幼儿游戏过程中的问题和有价值的内容，游戏结束后组织幼儿进行分享交流，讨论话题适宜、有价值，关注幼儿的发展、行为习惯的培养，提升幼儿经验		
	10. 对每个幼儿公平、友好，善于运用语言、动作、眼神等鼓励每一位幼儿		

任务卡 5–8 创造性游戏支持与引导教师行为观察记录

幼儿园：		教师：	日期：
游戏类型：表演游戏		游戏名称：	

观察项目	观察内容	观察到的打"✓"	我的反思
游戏活动	1. 合理规划与设计游戏空间		
	2. 游戏材料数量充足、种类丰富，高结构材料与低结构材料比例适宜，满足幼儿游戏需求		
	3. 游戏材料安全、环保，具有可操作性		
	4. 游戏活动开始前提出或与幼儿共同讨论游戏的规则、注意事项		
	5. 有目的地运用各种观察方法观察幼儿游戏情况，包括幼儿的同伴交往、材料操作、注意力持续时间等，做好观察记录		
	6. 运用平行介入、交叉介入等适宜的方式适时指导幼儿游戏，不过多干预，不打扰幼儿游戏的正常开展		
	7. 保证幼儿拥有足够的游戏时间		
	8. 游戏后，引导幼儿收拾整理材料，养成良好的行为习惯		
	9. 善于发现幼儿游戏过程中的问题和有价值的内容，游戏结束后组织幼儿进行分享交流，讨论话题适宜、有价值，关注于幼儿的发展、行为习惯的培养，提升幼儿经验		
	10. 对每个幼儿公平、友好，善于运用语言、动作、眼神等鼓励每一位幼儿		

任务卡 5-9 创造性游戏支持与引导教师行为观察记录

幼儿园：		教师：		日期：
游戏类型：建构游戏			游戏名称：	

观察项目	观察内容	观察到的打"√"	我的反思
游戏活动	1. 合理规划与设计游戏空间		
	2. 游戏材料数量充足、种类丰富，高结构材料与低结构材料比例适宜，满足幼儿游戏需求		
	3. 游戏材料安全、环保，具有可操作性		
	4. 游戏活动开始前提出或与幼儿共同讨论游戏的规则、注意事项		
	5. 有目的地运用各种观察方法观察幼儿游戏情况，包括幼儿的同伴交往、材料操作、注意力持续时间等，做好观察记录		
	6. 运用平行介入、交叉介入等适宜的方式适时指导幼儿游戏，不过多干预，不打扰幼儿游戏的正常开展		
	7. 保证幼儿拥有足够的游戏时间		
	8. 游戏后，引导幼儿收拾整理材料，养成良好的行为习惯		
	9. 善于发现幼儿游戏过程中的问题和有价值的内容，游戏结束后组织幼儿进行分享交流，讨论话题适宜、有价值，关注于幼儿的发展、行为习惯的培养，提升幼儿经验		
	10. 对每个幼儿公平、友好，善于运用语言、动作、眼神等鼓励每一位幼儿		

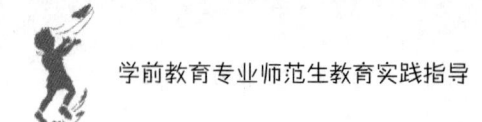

任务卡 5-10 我对幼儿创造性游戏的支持与引导记录

幼儿园：	班级：	日期：
游戏活动类型：角色扮演游戏		游戏活动名称：

心理氛围营造：
活动环境创设：
游戏材料提供：

我对幼儿游戏活动的支持与引导记录：

我遇到的问题：

我对问题的解释与反思：

实践导师批阅：

任务卡 5-11　我对幼儿创造性游戏的支持与引导记录

幼儿园：	班级：	日期：

游戏活动类型：表演游戏　　　　　　　　游戏活动名称：
心理氛围营造：   活动环境创设：   游戏材料提供：
我对幼儿游戏活动的支持与引导记录：
我遇到的问题：
我对问题的解释与反思：
实践导师批阅：

任务卡 5-12 我对幼儿创造性游戏的支持与引导记录

幼儿园：	班级：	日期：

游戏活动类型：建构游戏　　　　　　　　游戏活动名称：

心理氛围营造：

活动环境创设：

游戏材料提供：

我对幼儿游戏活动的支持与引导记录：

我遇到的问题：

我对问题的解释与反思：

实践导师批阅：

任务卡 5–13　规则游戏组织与指导教师行为观察记录

幼儿园：		教师：		日期：
游戏类型：音乐游戏			游戏名称：	

观察项目	观察内容	观察到的内容打"√"	我的记录与反思
对游戏的熟悉程度	老师熟悉游戏玩法和规则，运用讲解、示范、或讲解与示范相结合的方式完整、流畅地介绍游戏玩法，提出游戏规则，或与幼儿共同讨论游戏规则		
幼儿游戏的组织与指导	1. 通过示范、讲解、请幼儿尝试、共同讨论等方式，使幼儿很好地理解和掌握游戏的玩法和规则		
	2. 游戏开展有序		
	3. 游戏空间设计与利用合理，幼儿的位置安排合适，幼儿与老师之间的视线无遮挡		
	4. 老师和每个幼儿有目光交流，对每个幼儿说话语气友善		
	5. 游戏过程中关注幼儿安全，排除对幼儿安全有威胁的因素		
	6. 认真观察幼儿的游戏行为并给予适宜的指导，不过多干预，打乱幼儿的正常游戏		
	7. 尊重幼儿对游戏新的创意和玩法，支持幼儿的新玩法		
游戏材料提供	根据游戏需要，提供适宜的、数量充足的游戏材料，满足幼儿游戏需求		
幼儿游戏体验	幼儿在游戏过程中快乐、投入，乐于积极配合老师		
教师素养	1. 教师富有热情、亲和力和感染力		
	2. 教态大方、自然		
	3. 语言表达清晰，音色、音调吸引幼儿		
	4. 善于处理游戏过程中的突发事件，富有教育智慧		

任务卡 5-14 规则游戏组织与指导教师行为观察记录

幼儿园：		教师：		日期：
游戏类型：体育游戏			游戏名称：	

观察项目	观察内容	观察到的内容打"√"	我的记录与反思
对游戏的熟悉程度	老师熟悉游戏玩法和规则，运用讲解、示范、或讲解与示范相结合的方式完整、流畅地介绍游戏玩法，提出游戏规则，或与幼儿共同讨论游戏规则		
幼儿游戏的组织与指导	1. 通过示范、讲解、请幼儿尝试、共同讨论等方式，使幼儿很好地理解和掌握游戏的玩法和规则		
	2. 游戏开展有序		
	3. 游戏空间设计与利用合理，幼儿的位置安排合适，幼儿与老师之间的视线无遮挡		
	4. 老师和每个幼儿有目光交流，对每个幼儿说话语气友善		
	5. 游戏过程中关注幼儿安全，排除对幼儿安全有威胁的因素		
	6. 认真观察幼儿的游戏行为并给予适宜的指导，不过多干预，打乱幼儿的正常游戏		
	7. 尊重幼儿对游戏新的创意和玩法，支持幼儿的新玩法		
游戏材料提供	根据游戏需要，提供适宜的、数量充足的游戏材料，满足幼儿游戏需求		
幼儿游戏体验	幼儿在游戏过程中快乐、投入，乐于积极配合老师		
教师素养	1. 教师富有热情、亲和力和感染力		
	2. 教态大方、自然		
	3. 语言表达清晰，音色、音调吸引幼儿		
	4. 善于处理游戏过程中的突发事件，富有教育智慧		

任务卡 5-15　规则游戏组织与指导教师行为观察记录

幼儿园：		教师：		日期：
游戏类型：智力游戏			游戏名称：	

观察项目	观察内容	观察到的内容打"√"	我的记录与反思
对游戏的熟悉程度	老师熟悉游戏玩法和规则，运用讲解、示范、或讲解与示范相结合的方式完整、流畅地介绍游戏玩法，提出游戏规则，或与幼儿共同讨论游戏规则		
幼儿游戏的组织与指导	1. 通过示范、讲解、请幼儿尝试、共同讨论等方式，使幼儿很好地理解和掌握游戏的玩法和规则		
	2. 游戏开展有序		
	3. 游戏空间设计与利用合理，幼儿的位置安排合适，幼儿与老师之间的视线无遮挡		
	4. 老师和每个幼儿有目光交流，对每个幼儿说话语气友善		
	5. 游戏过程中关注幼儿安全，排除对幼儿安全有威胁的因素		
	6. 认真观察幼儿的游戏行为并给予适宜的指导，不过多干预，打乱幼儿的正常游戏		
	7. 尊重幼儿对游戏新的创意和玩法，支持幼儿的新玩法		
游戏材料提供	根据游戏需要，提供适宜的、数量充足的游戏材料，满足幼儿游戏需求		
幼儿游戏体验	幼儿在游戏过程中快乐、投入，乐于积极配合老师		
教师素养	1. 教师富有热情、亲和力和感染力		
	2. 教态大方、自然		
	3. 语言表达清晰，音色、音调吸引幼儿		
	4. 善于处理游戏过程中的突发事件，富有教育智慧		

任务卡 5‑16　撰写一份格式规范的规则游戏教案

任务卡 5-17　我的规则游戏组织与指导记录

幼儿园：	班级：	日期：
游戏活动类型：音乐游戏　　　　　　游戏活动名称：		
心理氛围营造： 活动环境创设： 游戏材料提供：		
我的规则游戏组织与指导记录：		
我遇到的问题：		
我对问题的解释与反思：		
实践导师批阅：		

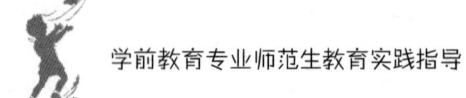

任务卡 5-18 我的规则游戏组织与指导记录

幼儿园： 班级： 日期：	
游戏活动类型：体育游戏　　　　　游戏活动名称：	
心理氛围营造： 活动环境创设： 游戏材料提供：	
我的规则游戏组织与指导记录：	
我遇到的问题：	
我对问题的解释与反思：	
实践导师批阅：	

任务卡 5‑19 我的规则游戏组织与指导记录

幼儿园：	班级：	日期：

游戏活动类型：智力游戏　　　　　　游戏活动名称：

心理氛围营造：

活动环境创设：

游戏材料提供：

我的规则游戏组织与指导记录：

我遇到的问题：

我对问题的解释与反思：

实践导师批阅：

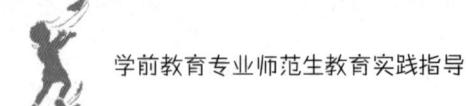

任务卡 5-20　规则游戏改编记录分析

幼儿园：	班级：	日期：

原游戏名称：	改编之后的游戏名称：

改编的原因：

改编的元素：

改编之后幼儿的游戏体验：

遇到的问题：

我对问题的解释与反思：

实践导师批阅：

任务卡 5-21 民间游戏改编记录分析

幼儿园：		班级：		日期：

民间游戏的名称：		改编之后的游戏名称：

项目	内容	符合的内容打"√"	我的记录与反思
游戏改编	1. 游戏改编符合幼儿年龄与发展特点		
	2. 游戏改编有趣、好玩，吸引幼儿		
	3. 游戏改编富有教育价值		
	4. 游戏设计新颖、有创意		
游戏材料选择与制作	1. 游戏材料安全、环保，适宜幼儿使用		
	2. 游戏材料美观，对幼儿有吸引力		
	3. 游戏材料符合幼儿发展特点，具有可操作性		
	4. 游戏材料有多种玩法		
幼儿游戏体验	幼儿在游戏过程中快乐、投入，乐于积极尝试		

遇到的问题：

我对问题的解释：

实践导师批阅：

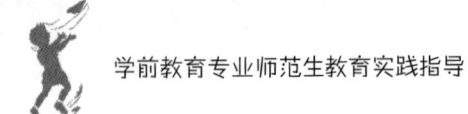

任务卡 5-22　规则游戏创编记录分析

| 幼儿园： | 班级： | 日期： |

创编游戏名称：

创编的原因：

游戏玩法与规则：

改编之后幼儿的游戏体验：

遇到的问题：

我对问题的解释与反思：

实践导师批阅：

3. 教育活动的计划与实施

（1）主题活动的计划与实施

① 主题活动的含义

主题活动是一种重要的幼儿园教育活动类型，所谓主题活动，是指在一段时间内围绕一个中心内容即主题来组织开展的一系列教育活动。与分科课程相比，主题活动打破了学科之间的界限，重视各学科之间的横向联系，力求让学习者通过主题活动，能够获得与主题有关的较为完整的经验。节日、季节、自然界的各种生物、生活中的各种事物等，只要是幼儿感兴趣且富有教育价值的话题，基本上都可以生成主题活动。除了幼儿自发生成的主题活动外，在教育实践中，教师也会根据幼儿的兴趣和需要，选择富有教育价值的话题来设计主题活动。

② 主题活动的设计程序

在设计主题活动时，主要过程包括：选择与确定主题、确定主题活动的目标、设计主题活动内容——制定主题网、拟定活动纲要、设计具体活动方案与评价主题活动。

• 选择与确定主题

主题活动的选择主要考虑了以下几个因素：幼儿的兴趣、需要、已有经验以及心理水平；主题自身的教育价值；可以利用的教育资源。除此之外，在选择和确定主题时，还要考虑教师的能力、特长、专业知识等，教师自身的特点也影响着主题开展的可行性以及主题的发展方向。

• 确定主题活动的目标

主题目标既是主题活动开展的导向，也是评估主题活动效果的标准。主题活动目标的确立可以从三个方面来考虑：主题的潜在价值、相应年龄段幼儿发展的一般性目标、本班幼儿的最近发展区。

比如《幼儿园工作规程》中规定的幼儿园教育目标、《幼儿园教育指导纲要（试行）》中的领域目标、《3—6岁儿童学习与发展指南》中的年龄段目标都属于我们所说的一般性发展目标。虽然主题目标是具体可操作的，但它首先必须与较为宏观的一般性发展目标相一致；而一般性发展目标反过来为制定主题目标提供了思路和依据。主题活动目标的确定要与幼儿的最近发展区相一致，合理把握幼儿的发展潜力。

在单元主题目标的表述上要注意：表述要明确，一般从幼儿角度来表述；目标的涵盖面要广，包括知识的学习、能力的培养、操作技能和情感态度方面的学习；目标要有代表性，不同目标之间要有独立性。

• 设计活动内容——制定主题网络图

目标确定后，具体怎么展开主题活动呢？这时就要设计活动内容。主题活动内容的设计要追随幼儿的思维方式逐步扩展和深入。

在策略上，可以通过"头脑风暴"的方式，调动起与主题有关的知识经验或概念，经过归纳整理，建立起某种关系和联系，并以"网状"的形式将这种关系和联系直观形象地呈现出来，形成主题网络。

主题网络能够反映主题内核与各层次扩展链的关系，理清主题开展的基本思路，以便有序组织主题活动。

如，主题网络图"桑树"：

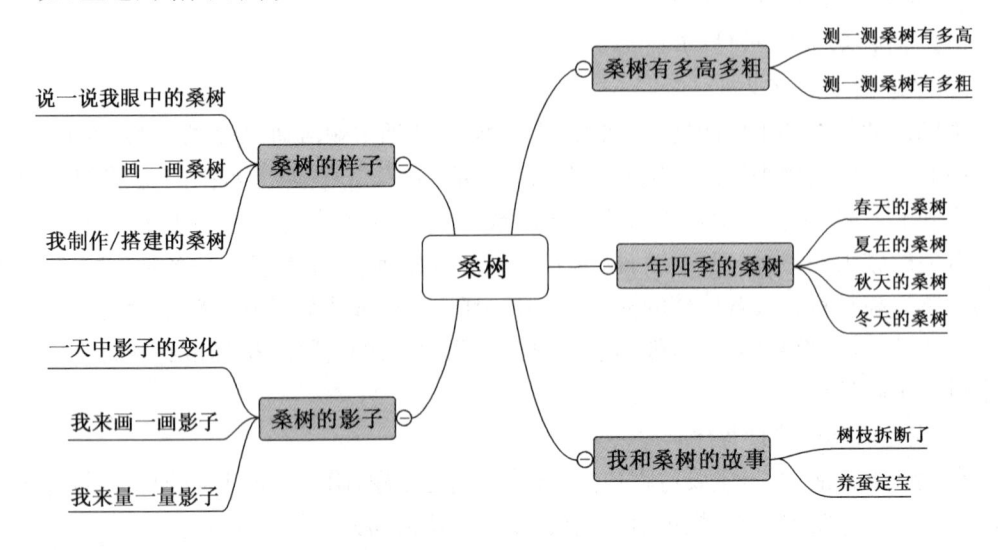

```
                                            ┌─ 测一测桑树有多高
                    ┌─ 桑树有多高多粗 ──────┤
                    │                       └─ 测一测桑树有多粗
   说一说我眼中的桑树 ┐
                    ├─ 桑树的样子 ─┐
   画一画桑树        ┘              │
                                    │        ┌─ 春天的桑树
   我制作/搭建的桑树 ──────          │        ├─ 夏天的桑树
                                    ├─ 桑树 ─┤─ 一年四季的桑树
   一天中影子的变化  ┐              │        ├─ 秋天的桑树
                    │              │        └─ 冬天的桑树
   我来画一画影子    ├─ 桑树的影子 ─┤
                    │                       ┌─ 树枝折断了
   我来量一量影子    ┘              └─ 我和桑树的故事 ┤
                                                     └─ 养蚕宝宝
```

- 拟定活动纲要

主题活动开展思路理清之后，可以拟定活动纲要，考虑组成主题的系列活动具体有哪些，主要的内容是什么，以什么形式展开，涉及哪些领域等，还可以列出每个活动的目标。如大班主题"闽南茶俗"：

表 5-3 大班主题"闽南茶俗"活动纲要[①]

序号	活动名称	活动形式	主要领域
1	茶的故事	集体教育活动	语言、科学、艺术
2	茶艺欣赏	集体教育活动	艺术、社会
3	茶叶店真有趣	参观	科学、社会
4	策划班级茶馆	谈话	语言、科学、艺术
5	和阿姨一起泡茶	生活	健康、社会、科学
6	学泡茶	集体教育活动	科学、健康
7	拣茶梗1	生活	健康
8	版画茶壶	艺术区	艺术
9	泥塑茶壶	艺术区	艺术
10	装饰茶壶	艺术区	艺术
11	拣茶梗2	生活区	健康
12	包装茶叶	生活区	健康、科学、艺术
13	泡茶	生活区	健康、科学、社会
14	酷酷小茶馆	小组活动	综合

[①] 虞永平.幼儿园课程[M].北京:高等教育出版社,2014:128.

- 设计具体活动方案

主题活动内容预设好之后,接下来就要逐一设计每个活动的具体方案,包括教学活动、区域活动、亲子活动、环境创设等。一个集体教学活动的具体活动方案,主要包括活动名称、活动目标、活动准备和活动过程等几个环节。

任务窗

任务卡 5-23　我的主题活动设计

幼儿园：	班级：
设计者：	日期：
主题活动名称：	
主题活动设计缘由：	
主题网络图：	
环境与材料准备：	
注意事项：	
实践导师批阅：	

任务卡 5-24 幼儿园主题活动设计检核评估[①]

主题名称：　　　　　　　　　　　　　　　　班级：

	评估指标	是	否
主题的选择	1. 是否符合幼儿的兴趣与需要		
	2. 是否包含多方面的教育价值，有助于达成多方面的教育价值		
	3. 是否涉及多个学习领域		
	4. 是否具有可行性		
主题目标	1. 主题目标是否符合幼儿教育的目的和课程总目标		
	2. 目标是否符合幼儿的发展水平		
	3. 目标是否包含认知、情感态度、动作技能三大教育目标领域		
	4. 主题目标与具体活动的目标是否吻合		
主题内容	1. 内容与目标之间是否对应		
	2. 内容是否符合幼儿的发展程度		
	3. 内容是否符合幼儿的兴趣与需求		
	4. 内容是否包含主要课程领域		
	5. 内容是否兼顾动态的和静态的活动		
	6. 内容是否注意到地方性与季节性		
	7. 内容是否注意到文化的传承与介绍		
	8. 内容是否潜在地含有歧视性倾向(性别、种族、阶层等)		
活动方法	1. 采用的教学方法是否能够反映内容的性质		
	2. 教学方法是否符合幼儿学习方式的特点		
	3. 活动流程的转化是否适宜		
	4. 教育与资源的使用是否适宜		
	5. 对活动过程中可能出现的问题是否有所准备		

[①] 虞永平.幼儿园课程[M].北京:高等教育出版社,2014:130.

任务卡 5-25　我的主题活动实施

幼儿园：	班级：
教师：	日期：
主题活动名称：	
主题活动实施记录：	
生成性活动记录：	
实施效果：	
我的反思：	
实践导师批阅：	

(2) 领域活动的计划与实施

① 领域活动的含义

所谓幼儿园领域活动,或者说是幼儿园学科课程,就是将幼儿园课程分为若干学科或领域,以学科或领域为单位组织和实施教育的课程。比如,目前我国的幼儿园课程分为五大领域,分别为健康领域、语言领域、社会领域、科学领域和艺术领域。

② 领域活动的特点

第一,领域活动一般是有内在逻辑结构的,按照学科或领域本身的逻辑来组织。如我们现在的五大领域,每一个学习领域都有自己的逻辑结构,从简单到复杂,分门别类按照学科的结构来组织课程。

第二,能为幼儿提供各学科、各领域的关键概念。比如,在数学领域,幼儿要掌握有关数、量和数量关系、形状和空间等几个方面的核心经验。

第三,可操作性强。教师可以根据文本、纲要、参考用书等来组织活动,活动内容比较确定。

③ 领域活动的设计程序

• 确定领域目标体系

确定目标是领域活动设计的第一步。可以通过学习幼儿园领域教学的论著、教材、《幼儿园教育指导纲要(试行)》和《3—6岁儿童学习与发展指南》等材料和文件,了解某一领域的总目标和年龄段目标,然后根据本班幼儿的发展水平与需求、幼儿园可以利用的资源、教师的特长等,确定本班幼儿在各领域内的发展目标。

各级目标可以构成全面的目标体系,包括年龄班总目标和学期目标,也可以进一步分解出月目标和周目标;内容上,各级目标都应关注幼儿情感、态度、认知、技能、社会性等多方面的发展,不能仅仅单纯关注知识获得。

如根据《幼儿园教育指导纲要(试行)》、《3—6岁儿童学习与发展指南》、"学前儿童科学教育"的研究等,确定幼儿园中班数学的教育目标,根据中班数学领域的总目标,再分解出中班上、下两个学期的教育目标,根据中班上学期的教育目标,制定中班数学的月目标、周目标。

• 制订活动计划

依据制订好的目标,根据本班幼儿的兴趣和需要、幼儿园及教师可利用的课程资源,制订学期活动计划。一般是按时间顺序设计出该学期每周该学科要完成的主要内容。

• 设计教育活动

根据进度表中的相应内容,对每次具体的教育活动进行设计。在设计具体教育活动时,要注意多种形式相结合,切忌只采用集体教学的活动形式。要有意识地设计能实现教育目标的游戏、生活活动等。

拓展阅读

领域活动教案书写体例要求

一、术语

对幼儿的称呼"孩子""宝宝""幼儿"等统一为"幼儿"(语言故事、教案中教师引导语"小朋友"中除外)。

二、标点符号及条理

一、(一) 1. (1) ①

三、教案格式

活动方案由五个部分组成:活动目标、活动准备、活动过程、活动延伸、活动资源。其中,前四个部分为必要,最后一个部分根据方案需要可选。

四、活动目标

1. 情感、态度

2. 知识、经验

3. 能力、方法

活动目标可按照"情、知、行"的顺序写。

五、活动准备

1. 知识经验

2. 物质材料

3. 环境布置

不是所有活动都完全需要这三个方面准备的。

有的教师写活动准备,列出1、2、3条的时候,并无内在的逻辑分类,可能三条都是物质内容。我们在对活动准备进行规范时,可以确定一个隐性分类顺序的标准,例如:

1. 幼儿学过"快乐舞"。

2. 七个表情面具(大笑、微笑、厌恶、生气、哭泣、愤怒、害怕);用大型图纸做一个脸谱转盘,在转盘的圆心放一根可随意旋转的指针。

3. 幼儿坐成半圆形,把活动室布置成森林的样子。

调整之后的活动准备:

1. 幼儿活动前看过京剧表演,并且与家长共同搜集有关脸谱的工艺品、生活用品、图片等。

2. 空白脸谱轮廓若干(提供少许半成品以满足不同幼儿的需要),绘画工具,橡皮绳。

注:因为没有提到特殊环境布置要求,所以没有第3条。

六、活动过程

表述上要先提纲挈领的概括活动的主要流程,如:

1. 创设情境,引出诗歌(做什么,为什么)

2. 示范朗诵,呈现诗歌

3. 巧用方法,理解诗歌
4. 形式多样,学习诗歌
5. 激发想象,创编诗歌

然后分步骤表述每个环节的指导过程,并设计主要的、关键性的教学用语(如导入语、提问语、解释语、说明语、要求语、小结语等)。例如,实物讲述活动"我的宠物"中活动过程的第一个环节可以这样表述:

1. 猜猜小宠物。

(1) 解释宠物:现在小朋友们都很喜欢在家里养一些小动物,比如小狗、小猫、八哥、小金鱼、寄居蟹等,经常喂它吃,逗它玩,精心照顾它。这些养在家里的动物又叫宠物。

(2) 猜宠物:老师也养了一种小宠物,请你们猜一猜。

有只动物背着锅,

锅上裂纹多有多,

你用手去碰碰它,

吓得全身锅里缩。(乌龟)

七、活动延伸(可选)

如:日常生活中,引导幼儿迁移经验,相互讲述"最奇特的动物"。

八、活动资源(可选)

任务窗

任务卡 5-26 教育活动观摩详录与评析

班级:	教师:	时间:
活动名称:		
活动准备:		
活动目标:		

续 表

活动过程：
活动延伸：
分析评议：

任务卡 5-27　我的领域活动设计

幼儿园：	班级：	日期：
设计者：	领域：	

活动名称：

活动目标：

活动准备：

活动过程：

活动延伸：

实践导师批阅：

任务卡 5-28　我的领域活动实施

幼儿园：	班级：	日期：
设计者：	领域：	
活动名称：		
活动实施记录：		
实施效果：		
我的反思：		
实践导师批阅：		

任务卡 5-29　我的领域活动设计

幼儿园：	班级：	日期：
设计者：	领域：	

活动名称：

活动目标：

活动准备：

活动过程：

活动延伸：

实践导师批阅：

任务卡 5-30　我的领域活动实施

幼儿园：	班级：	日期：
设计者：	领域：	

活动名称：

活动实施记录：

实施效果：

我的反思：

实践导师批阅：

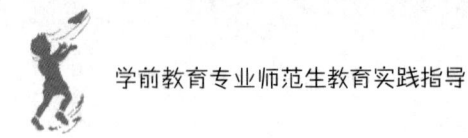

任务卡 5-31　我的领域活动设计

幼儿园：	班级：	日期：
设计者：	领域：	

活动名称：
活动目标：
活动准备：
活动过程：
活动延伸：
实践导师批阅：

任务卡 5-32 我的领域活动实施

幼儿园：	班级：	日期：
设计者：	领域：	
活动名称：		
活动实施记录：		
实施效果：		
我的反思：		
实践导师批阅：		

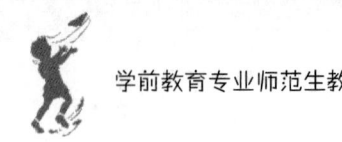

任务卡 5-33　我的领域活动设计

幼儿园：　　　　　　　班级：　　　　　　　日期：	
设计者：　　　　　　　领域：	
活动名称：	
活动目标：	
活动准备：	
活动过程：	
活动延伸：	
实践导师批阅：	

任务卡 5‑34　我的领域活动实施

幼儿园：	班级：	日期：
设计者：	领域：	

活动名称：

活动实施记录：

实施效果：

我的反思：

实践导师批阅：

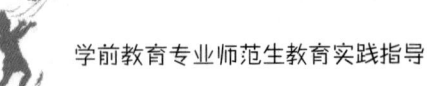

任务卡 5-35 我的领域活动设计

幼儿园：	班级：	日期：
设计者：	领域：	

活动名称：

活动目标：

活动准备：

活动过程：

活动延伸：

实践导师批阅：

任务卡 5-36　我的领域活动实施

幼儿园： 　　　　　班级： 　　　　　日期：
设计者： 　　　　　领域：
活动名称：
活动实施记录：
实施效果：
我的反思：
实践导师批阅：

(3) 区域活动的计划与实施

① 区域活动的含义

幼儿园区域活动,也被称为活动区活动、区角活动,是幼儿园常见的教育活动之一,是指教师根据教育的目标和幼儿的发展水平,有目的地创设活动情境,投放活动材料,让幼儿按照自己的意愿和能力,以操作摆弄为主的方式进行个别化的自主学习的活动。幼儿园里常见的活动区有娃娃家、角色扮演区、阅读区、建构区、益智区、美工区、自然角等。

② 区域活动的特点

区域活动以幼儿个体化活动为主,活动自主性高,教师借助活动材料、活动时间等对幼儿的区域活动进行间接指导。区域活动是幼儿园课程不可或缺的重要实施途径,在实践中,与集体教学活动、游戏、生活活动等积极互动。

③ 区域活动的设计

一般来说,区域活动的设计包括确定活动区种类、设置活动区空间、创设活动区环境和制定活动区规则这四个方面。

- 确定活动区种类

在确定活动区种类时,通常要考虑的因素包括:幼儿的年龄特点、生活经验、需要与兴趣,正在开展的其他教育活动,器材设备、活动材料等可以利用的教育资源,幼儿园教育目标;幼儿人数;可以利用的空间资源等。

比如,在小班,通常会开设"娃娃家"这一活动区,主要是考虑到小班幼儿对家比较熟悉,生活经验更多是与"家"相关的,因此,开设"娃娃家"这一区域比较符合小班幼儿的年龄特点。

在活动区数量的设计上,要考虑班级幼儿的人数以及可以利用的空间资源。一般来说,一个活动区可以容纳的幼儿人数为5~7人。

- 设置区域空间

在活动区空间设置上,设计要点包括:

考虑区域自身的特点。比如,阅读区应该是所有区角中最安静的,并且应有充足的光线。因此,适合靠窗而设,远离音乐表演区、角色游戏区等较为嘈杂的地方。地上可以铺上漂亮、柔软的坐垫,在桌上铺上美丽的花布等,为幼儿营造一个轻松、舒服的阅读环境。建构区需要较大的空间,并且远离走廊等人们来回走动的地方。

动静分开。比如,阅读区是比较安静的区域,而建构区属于喧闹的区域,那么在空间设置方面,阅读区与建构区就要相隔较远。

相关邻近。在游戏内容上相关的区域,空间设置上可以相互邻近。比如,娃娃家和表演区相连,"娃娃家"里的爸爸妈妈就可以带着宝宝去欣赏各种表演,不同区域之间就可以建立起联系,幼儿的活动内容会更加丰富,语言互动也会更多。当然,"娃娃家"也可以和建构区、"商店"、"银行"等区域相连,这些都可以让"娃娃家"有更加丰富的内容与情节。

灵活性。区域空间的设置不是一成不变的,根据正在开展的教育活动、幼儿的兴趣、幼儿园的教育目标等,区域空间可以灵活地进行调整。

空间拓展。区域活动的空间不止局限在教室内。幼儿园的户外活动空间、功能室、走廊、过道等都可以利用起来,设置活动区。比如,沙水区、大运动区通常都会设置在户外操场上、走廊、过道可以张贴幼儿的美术作品，成为美工区的一部分。一些幼儿园也会利用功能室来开设表演区、角色扮演区、建构区等。

- 创设活动区环境

活动区环境的创设，最主要的就是投放适宜的材料。活动区材料的投放要安全、丰富，并且具有可操作性、可探索性。

> **想一想**：玩具小汽车与树枝，哪种材料的可探索性更强呢？
> 　　与玩具汽车相比，幼儿可以自由地操作、摆弄树枝，变换出不同的造型，探究树枝多方面的用途，因此，相对于高结构化的玩具汽车，显然树枝的可操作性、可探索性更强。

在材料的投放上，也要考虑不同年龄段幼儿的特点。可鼓励2~3岁幼儿高结构性材料进行装扮游戏，但随着年龄增长，幼儿表征能力逐渐成熟，4~5岁的幼儿能创造性地使用低结构性材料进行戏剧性游戏。低结构游戏材料需要儿童用自身经验来组织和驾驭，因而具有一定的年龄适用范围，比较适合4岁以上的儿童。

活动区材料的投放也不是一成不变的，根据幼儿能力的发展、兴趣的变化、活动中出现的问题、正在开展的教育活动等，活动区的材料要进行灵活的调整。

比如，幼儿在阅读图书的过程中，出现了找不到之前读的内页的问题，经过讨论，幼儿找到了多个解决方法，比如"做书签""记录页码"等。教师随之在阅读区内增添了许多材料，包括粘纸、笔、小本子等，并增设了书签制作区域。

- 制定活动区规则

活动区是幼儿自由活动的场所，但这种自由不是无限扩张的绝对自由，而是一定规则之内的自由。活动区规则的根本出发点和归宿是，促进幼儿在活动区自由、自主和顺利有效地开展活动，而不是任何其他外在目的。适宜的活动区规则具有内在、隐性、动态和多样等特点。比如，阅读区摆放整齐的图书内含着"图书要整齐摆放"这一规则。活动区规则的制定主要包括三个方面：

一是保障活动正常进行的必要规则，如玩沙区，在幼儿进区之前，就要制定"不能扬沙""不能把沙洒到别人身上""不能用手揉眼睛"等规则。

二是为解决活动过程中所出现的问题而制定的规则。在活动区活动结束，进行分享总结时，一个孩子说："我在美发厅玩，我们旁边的美工区小朋友玩了橡皮泥，小的碎屑都掉地上了，地上很脏。"听他这么一说，美工区的孩子马上去清理了地板，还一起规定了以后不管玩什么都要保持清洁。

二是解决活动过程中幼儿争执而制定的规则。在表演区，两个幼儿都抢着弹吉他，这时怎么办呢？老师把问题抛给了幼儿，让幼儿自行商量解决。经过讨论，大家最终决定，表演区的小朋友要排队领取乐器，每人使用一种乐器，时间不能超过5分钟，之后要归还，让下一个想玩这种乐器的小朋友使用。活动区的规则建立在幼儿内化、认可的基础上，而不是老师强加的规则。

④ 区域活动的指导

区域活动的指导以间接指导为主，主要通过材料的投放对幼儿的活动进行指导。当然，教师也可以在适宜的情况，通过平行指导、交叉指导、垂直指导引导幼儿在活动区的活动。

⑤ 幼儿区域活动的流程

幼儿区域活动的流程为:制订计划—进区活动—整理打扫—分享小结。

任务窗

任务卡 5-37 我的区域活动观察与指导

幼儿园:	班级:	日期:
教师:	活动区:	

活动观察与指导记录(空间设置、材料投放、活动观察与指导):

发现的问题:

我对问题的解释与反思:

实践导师批阅:

任务卡 5-38 我的区域活动观察与指导

幼儿园：	班级：	日期：

| 教师： | 活动区： | |

活动观察与指导记录(空间设置、材料投放、活动观察与指导)：

发现的问题：

我对问题的解释与反思：

实践导师批阅：

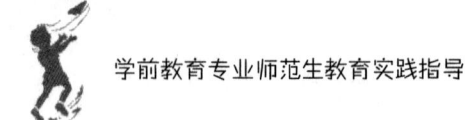

任务卡 5-39　我的区域活动观察与指导

幼儿园：	班级：	日期：
教师：	活动区：	

活动观察与指导记录（空间设置、材料投放、活动观察与指导）：

发现的问题：

我对问题的解释与反思：

实践导师批阅：

4. 幼儿园一日活动的计划与组织

（1）一日活动的含义

幼儿园一日活动主要是指幼儿从来园到离园的一切保育和教育活动，包括来园、早操、教育活动、课间活动、游戏活动、进餐、睡眠、午点、离园、晚间活动、盥洗等。一日活动计划就是实习生所在班级每天各环节教育活动的具体安排。幼儿的一日活动是具体实施幼儿全面发展教育的重要环节。它具有程序性、重复性、连续性和规律性等特点。一日活动组织管理得好与坏，将直接影响幼儿全面发展的水平。制定一日活动计划不仅能增强保教工作的目的性、计划性，还有利于教师及管理人员及时有效评估班级工作，总结经验，提高保教质量。有人说，看一所幼儿园的保教管理水平一定要看其一日活动的整体组织的水平，考察一位幼儿教师的带班能力，最重要的也是要看教师对班级一日活动的组织与引导能力。可见，一日活动的组织非常关键。实际工作中，教师组织与指导一日活动的效果与她预先设计的计划是密不可分的，作为实习生，必须能制定完整详细的一日活动的书面计划。

（2）一日活动的内容

一日计划制订应该指向幼儿一天中的全部活动，即：来园、盥洗、游戏、户外活动、集体教育活动、进餐、午睡、离园等各个活动环节。这些活动可归纳为两大类：一类是包括来园、盥洗、进餐、睡眠、离园等常规性的生活活动，这类活动在时间、内容、组织方式、进行过程等方面每天变化不大，具有一定的规律性、重复性，对养成幼儿良好的生活卫生及行为习惯非常有帮助，另一类包括晨间活动、谈话活动、集体教育活动、集体游戏活动、区域活动、自由活动、户外活动等，这类活动有着不同的教育目标，内容丰富多变，组织形式灵活多样。这两类活动交互穿插于幼儿的一日活动之中。

可见，一日活动的内容是非常复杂的，每个内容都要写在计划中，的确不是件容易的事情。为了方便起见，实习生在具体设计的时候，通常可以从两个方面、四个板块去设计。两个方面就是指：第一，班级某一个工作日里作息时间表的制定。第二，当天的教育活动计划的拟定。四个板块是指生活活动设计、游戏区域、集体教育活动设计、户外活动设计。自由活动设计只需要在作息时间表中反映出来就可以了。

（3）一日活动计划与组织要求

① 树立"一日活动就是课程"的观念

幼儿阶段最主要的教育任务就是养成教育，幼儿教育最独特的教育方法就是随机性教育的方法，幼儿的一日活动内容就是他们最生动的课程。这些特点从根本上决定了幼儿教师在组织幼儿一日（半日）活动中的每项活动时都渗透着某个小的教育目标，譬如，在集体教学中能使幼儿获得知识、技能和情感态度方面的发展，而自由的游戏活动也可以教育幼儿爱护玩具、学会归类、学会收拾，发展幼儿的自信心，无论大小活动，都是教育活动，一日活动内容就是幼儿的课程内容。因此，实习生务必牢固树立"一日活动就是课程"的观念，将传统的五领域活动方案设计融为一体，对幼儿的一日（半日）活动进行整体设计，发挥其最大最佳的教育功能。

② 确定具体的教育活动目标

设计具体的教育活动时，实习生应该有明确而具体的活动目标，要明确为什么此时安排这项活动，通过这项活动能使幼儿获得哪些有益的经验和影响，怎样使活动和形式联系密切,从而实现活动的目标。比如区角活动中的语言区,可提出"培养幼儿大胆讲话,纠正幼儿常见的病语"的目标,生活活动可提出"提醒幼儿热了脱衣服,并叠好放在指定的地方"等具体目标,集体教育活动的目标也要从知识、技能、情感态度等方面明确具体地提出。

③ 制定科学合理的作息时间表

科学合理的作息制度有利于幼儿身心健康成长。制定幼儿的一日(半日)活动作息制度需要注意以下事项:

第一,在活动形式的安排上注意动静交替,室内、户外平衡。

第二,在时间分配上,有组织的活动与自由活动、安静活动与运动活动、集体活动与个别活动都要有一定比例。

第三,在时间结构上保证各项活动既不过分紧张,又不过分松散;既要能发挥老师的指导作用,又能充分注意到幼儿的主体性。

第四,时间表应既富有节奏和重复性,又有一贯性和灵活性,不让幼儿产生生理和心理疲劳。

第五,从时间和活动内容的安排上尽量控制等待和浪费现象发生。

④ 全面发展,相互渗透

在设计幼儿一日(半日)活动各环节的具体要求中,要做到体、智、德、美诸方面相互渗透。有的同学只重视上课,忽视其他活动。出现这种情况的首要因素是因为实习生心中没有树立对幼儿进行全面发展教育的观念。全面教育还有一层意思就是教育内容要全面,具体而言,就是五领域的教育内容不能偏废,要自然渗透,自然整合。

⑤ 坚持保教融合

既然一日活动就是课程,那么保育和教育就要相互结合,形成统一的教育合力。设计幼儿一日(半日)活动各环节,除了对幼儿提出具体要求外,教师和保育员也要明确各自的工作要求。虽然教育实习的重点是组织和引导幼儿的教育活动,但在各项活动交替进行过程中不可能回避对幼儿进行生活方面的管理和心理上的疏导,比如,在活动中发现幼儿坐姿与写字的姿势不对、活动中身体不适、情绪低落等情形时,就需要老师及时调整,才能保证教育活动正常进行。

⑥ 注重过渡环节的设计

实习生刚开始带班时往往会出现顾此失彼、疲惫不堪的现象,除了是缺乏经验的缘故外,很重要的一点是只重视每个具体环节的设计,而忽视过渡环节的设计。比如,幼儿从室内学习活动转向户外游戏活动时为什么会出现乱糟糟的局面?原因就在于实习生在学习活动结束时没有告诉幼儿接下来有一个什么活动,这个活动与刚才的学习活动有何联系,活动的内容、形式是什么,活动的要求是什么,等等,这样的过渡性的指导都应该在设计一日(半日)活动计划时有所考虑。过渡环节的设计非常必要,它不仅能让幼儿对即将要开展的活动有一个心理准备,还能逐渐激起幼儿继续参与游戏活动的兴趣,而且活动进行得有条不紊,老师也不会因为事先没有讲清楚活动而疲于应付活动中临时发生的种种问题。

⑦ 幼儿为主体,教师为主导

影响幼儿主观能动性的因素有很多,其中幼儿园的物质条件和教师的教育理念就是重要因素。长期以来,教师在组织幼儿的一日(半日)活动时习惯于组织集体活动,统一部署,统一要求,活动内容由老师定,且形式单一,教育方法以说教为主,再加上玩具和操作材料少、活动时间受限制、活动场地有限、室内活动多、户外活动少,幼儿的兴趣爱好从客观上就不具备充分发展的条件。实习生虽然不能改变实习所在园的客观物质条件,但在组织一日(半日)活动的理念上是可以尽量做得更好一些的,比如教育方法灵活一点、形式变化多样一点、教具制作新颖一点、学具准备充足一点、室内室外活动丰富一点,如此做来,幼儿的自主发展空间就大了许多。

⑧ 因地制宜,积极创造条件

幼儿一日(半日)活动的设计必须以实习幼儿园及所在班级的设备、场地和各方面的条件为基础,只有这样,设计出来的幼儿一日(半日)活动方案,才具有可行性。所以,实习生在设计一日(半日)活动之前要对相关的教育环境的布置、玩具教具的品种数量以及活动需要的其他备用品有一个确切的了解,必要时,还需要多方努力,积极创造有利条件。

实例分享

某幼儿园中班一日活动计划表

(7:30—8:10)入园、晨检、早锻炼

(8:10—8:40)早餐及餐后自由活动

(8:45—9:00)早操

(9:10—9:35)集体教育活动一:图形跟我捉迷藏(科学活动)

(9:40—9:55)课间点

(10:00—10:20)集体教育活动二:我跟图形玩游戏(艺术活动)

(10:30—11:00)户外活动:传球游戏、平衡游戏、奔跑游戏与自由活动

(11:05—11:15)丰富词汇及餐前活动

(11:10—12:30)午餐及餐后自由活动

(12:30—2:30)午睡

(2:30—3:00)起床(整理及起床后的自由活动)

(3:00—3:20)午点

(3:20—3:40)游戏—区域活动

(3:50—4:10)户外体育活动:玩攀登架

(4:20—4:30)音乐欣赏及餐前自由活动

(4:30—5:00)晚餐

(5:10—离园)放学后自由活动

某幼儿园中班半日活动计划

(9月26日上午)

一、生活活动

1. 知道根据天气变化感知冷暖,及时增减衣物;运动后及时擦汗。

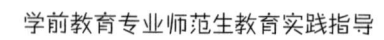

2. 知道秋季干燥,要经常喝水,及时补充水分。

二、区域活动

区域名称	材料细目	活动要求
美术创作室	不同规格、质地和颜色的纸张(白纸、卫生纸、包装纸、带纸盘、硬板纸板、卡纸、皱纹纸等);用于绘画的材料(小黑板、彩色粉笔、实物模型、油画棒、水彩颜料、勾线笔、画架、浅盘子、不同规格的刷子、海绵块、纸巾、围裙、盛水器皿、玻璃珠、鞋盒盖等);用于手工制作的工具及材料(剪刀、胶水、糨糊、纸杯、纸盘、手工制品材料纸、饮料瓶等);泥工材料(潮湿泥土、橡皮泥、玩橡皮泥的各种小工具——小擀面杖、压模、塑料刀等)。	自我服务,注意卫生。自主选择使用各种材料。尝试学习使用工具的技能。
拆装工作室	破损的旧玩具(玩具有螺丝钉,能供幼儿拆、装的)若干;小起子若干。	探索工具——起子的作用。
实验探索室	平面图形、立体形体、时钟、学习棒、数字车、色子、算盘。	主动地探索和运用感官。
拼图陈列室	各种动物的塑胶拼图插件及背景。	在拼图基础上加强色彩搭配。
音乐录影室	录音机和磁带、小型话筒、三角铃、碰铃、锣、响板、少数民族服装等。	因开展音乐小组活动,故此区暂停开放。
双语播音室	故事转盘5个、英语卡片若干、故事图片、天气预报表。	描述物体、事件和关系。合理想象,大胆讲述,体验创编小故事的乐趣。复习学习过的英语词汇、句型等。
建筑设计室	大型积塑3种、坐垫6块。	加强自我保护意识,于坐垫上游戏,自由创作、整理。
图书阅览室	各种图书若干、图书架1个。	知道一页一页地安静地翻书。
体育健身室	风火轮、拉力器、高跷、尾巴、跨栏。	有秩序地游戏,注意安全。
作品展览室	作品展示袋、绘画作品、手工作品等。	自愿展示作品。

三、集体教育活动

我跟图形玩游戏。

活动目的:

1. 试运用平面图形拼摆、模画、添画,表现生活中的平面图形。

2. 感受各种平面图形的特征,并探索运用其特征,产生联想,体验乐趣。

四、户外活动

1. 开始部分:整队,球操。

2. 基本部分:

(1) 传球游戏。

(2) 运球练习:幼儿自由采用外脚背运球、脚内侧运球和正脚背运球等用脚带球跑的动作进行运球练习。

(3) 平衡木过小桥。

(4) 奔跑游戏:抓尾巴。

3. 结束部分:放松活动。

> 任务窗

任务卡 5-40 教师一日活动中的保教行为观察记录

幼儿园：		班级：	
观察日期：		教师：	

观察记录意图：

时间	活动环节	教师工作内容与保教行为	注意事项

我的思考：

实践导师批阅：

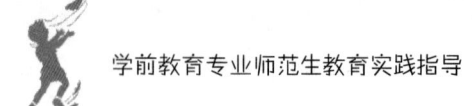

任务卡 5-41　教师一日活动中的保教行为观察记录

幼儿园：			班级：	
观察日期：			教师：	
观察记录意图：				
时间	活动环节	教师工作内容与保教行为		注意事项

我的思考：

实践导师批阅：

任务卡 5－42　教师一日活动中的保教行为观察记录

幼儿园：		班级：	
观察日期：		教师：	

观察记录意图：

时间	活动环节	教师工作内容与保教行为	注意事项

我的思考：

实践导师批阅：

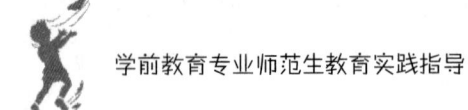

任务卡 5-43 我的半日活动设计

幼儿园：		班级：	
日期：		设计者：	

设计意图：

时间	活动环节	工作内容与方法	注意事项

我的思考：

实践导师批阅：

任务卡 5-44　我的半日活动设计

幼儿园：		班级：	
日期：		设计者：	

设计意图：

时间	活动环节	工作内容与方法	注意事项

我的思考：

实践导师批阅：

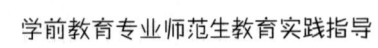

任务卡 5-45 我的半日活动设计

幼儿园：		班级：	
日期：		设计者：	
设计意图：			

时间	活动环节	工作内容与方法	注意事项

我的思考：

实践导师批阅：

任务卡 5‑46 我的半日活动设计

幼儿园：		班级：	
日期：		设计者：	

设计意图：

时间	活动环节	工作内容与方法	注意事项

我的思考：

实践导师批阅：

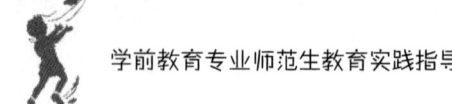

任务卡 5-47　我的半日活动设计

幼儿园：		班级：	
日期：		设计者：	

设计意图：

时间	活动环节	工作内容与方法	注意事项

我的思考：

实践导师批阅：

任务卡 5-48 我的一日活动设计

幼儿园：		班级：	
日期：		设计者：	
设计意图：			

时间	活动环节	工作内容与方法	注意事项

(续表)

时间	活动环节	工作内容与方法	注意事项

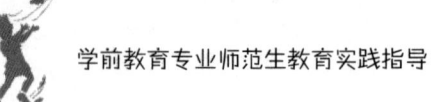

我的思考：

实践导师批阅：

任务卡 5-49　我的一日活动设计

幼儿园：			班级：	
日期：			设计者：	
设计意图：				

时间	活动环节	工作内容与方法	注意事项

(续表)

时间	活动环节	工作内容与方法	注意事项

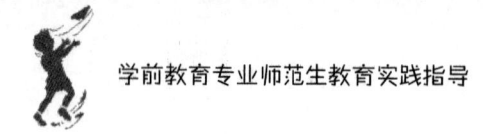

我的思考：

实践导师批阅：

任务卡 5-50 我的一日活动设计

幼儿园：			班级：	
日期：			设计者：	
设计意图：				

时间	活动环节	工作内容与方法	注意事项

(续表)

时间	活动环节	工作内容与方法	注意事项

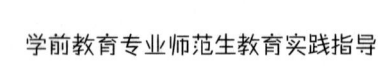

我的思考：

实践导师批阅：

任务卡 5-51　我的一日活动设计

幼儿园：	班级：
日期：	设计者：
设计意图：	

时间	活动环节	工作内容与方法	注意事项

(续表)

时间	活动环节	工作内容与方法	注意事项

我的思考：

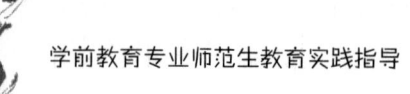

实践导师批阅：

5. 幼儿园周教育计划设计

(1) 周教育计划的含义

周教育计划(简称周计划)就是实习生所在班级每周内每天的教育活动的具体安排。为使学期工作计划得到落实,幼儿园教师除要制定月计划外,还要依据全园的年计划、月计划,针对幼儿特点和实际情况制定本班级的周计划,因此,周计划是幼儿园教育工作计划中最为具体的目标,制定具体的周计划不仅有利于加强幼儿园的目标管理,也有助于带址老师有条不紊地组织本班的教育活动。

(2) 周教育计划的内容

周计划的内容主要包括每周的教育目标、每天的主要活动内容及时间安排。其中,幼儿一日活动常规如晨检、早操、盥洗、饮食、睡眠等可以略写或省略(在一日半日活动计划中再详细写出),教育目标、晨间活动、集体教育活动、户外游戏活动、下午室内外活动、品德教育活动、卫生习惯、劳动教育、家长工作等,则要明确地写在周教育活动计划中。

(3) 周教育计划的要求

① 与班级阶段目标一致

周计划的目标是本周教育活动的主线,而一周内教育活动、卫生习惯和品德行为都是围绕幼儿所在班级的阶段目标来具体设置并落实的,因此,周计划的目标一定要与幼儿所在班级的阶段目标相一致。

② 合理安排游戏活动

游戏是幼儿的主要活动,计划中要明确写上各类游戏的名称和具体活动内容,每天都要安排户外游戏活动,为幼儿创设游戏的条件。除允许并支持幼儿自选游戏外,还应该合理安排一定的角色游戏、智力游戏、建筑游戏或表演游戏等内容。

③ 合理安排活动内容

幼儿园集体教育活动(俗称"教学活动")是对幼儿实施全面教育的主要途径,现行的《幼儿园教育指导纲要(试行)》的要求从五大领域对幼儿实施教育,在安排五大领域的教育活动内容时,必须遵循动静交替和全面发展的教育原则,注意知识、技能的整合与渗透,养成寓教育于各项活动之中。撰写时要求明确写出教育活动的领域、名称、内容。

④ 注意计划的连续性

教育实习一般要持续好几周,具体到每个实习生可能只负责制定其中的一部分,因此,同学之间要注意合作,周计划与周计划之间要保持连续性、渐进性,不能各自为政,自行其是。最好是出指导老师把关,大家一起共同分析本班幼儿发展的实际和本班工作状况,明确实习期间本班的工作目标和任务,在共同讨论、统一认识的基础上共同制定本班实习周计划。

案例分享

某幼儿园中班一周活动计划

<table>
<tr><th colspan="2">日安排</th><th>周一</th><th>周二</th><th>周三</th><th>周四</th><th>周五</th></tr>
<tr><td colspan="2">晨间</td><td>基本动作</td><td>板毽</td><td>跳神</td><td>投掷</td><td>跳跃</td></tr>
<tr><td rowspan="9">上午</td><td>餐后</td><td colspan="5">自由活动</td></tr>
<tr><td rowspan="2">集体活动</td><td>语言活动：
早期阅读
木、林、森</td><td>科学活动：
（数学）
5的分解组成</td><td>科学活动：
奇妙的三棱镜</td><td>语言活动：
讲述活动：
奇妙的收藏品</td><td>科学活动：
（数学）
5的加法</td></tr>
<tr><td>社会新闻：
分享活动</td><td>艺术活动：
（音乐）
阿瓦人民
唱新歌（节奏）</td><td>艺术活动：
（美术）
连环画：
龟兔赛跑</td><td>健康活动：
助跑跨跳
4条平行线、
切西瓜</td><td>艺术活动：
（音乐）
傣族律动</td></tr>
<tr><td>游戏</td><td>泥工：
鸡、鸭</td><td>听说游戏：
不准说白和黑</td><td>音乐游戏：
地毯上的游戏</td><td>区域活动</td><td>自由活动</td></tr>
<tr><td>餐前</td><td>文字欣赏</td><td>新闻讲述</td><td>口语练习</td><td>讲故事</td><td>自由交谈</td></tr>
<tr><td rowspan="4">下午</td><td>起床</td><td>自选</td><td>意愿画</td><td>看图书</td><td>纸工</td><td>临摹写生</td></tr>
<tr><td rowspan="2">游戏</td><td>音乐游戏：
套圈</td><td>区域活动</td><td>泥工：
戴帽子的
泥人</td><td>音乐游戏：
猴子看、
猴子做</td><td>听说游戏：
滚雪球</td></tr>
<tr><td>体育活动：
跳房子</td><td>体育活动：
切西瓜</td><td>体育活动：
跪撑爬地</td><td>体育活动：
老狼老狼
几点钟</td><td>体育活动：
螺旋行走</td></tr>
<tr><td>离园</td><td colspan="5">写写画画</td></tr>
</table>

> 任务窗

任务卡 5‑52　我的周活动计划

幼儿园：			班级：		
日期：			设计者：		

周计划：

实习周教育活动安排表

月　　日—　　月　　日

	星期一	星期二	星期三	星期四	星期五
早锻炼					
餐后活动					
集体活动					
户外体育活动					
游戏活动					
区域活动					
餐前活动					
	<div align="center" colspan="5">午　　休</div>				
起床活动					
游戏活动					
户外体育活动					
餐后活动					
离园					

设计依据与思路：

实践导师批阅：

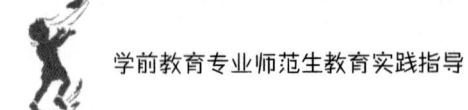

任务卡 5-53 我的周活动计划

幼儿园：			班级：		
日期：			设计者：		

周计划：

实习周教育活动安排表

　　　　　　　　　　　　　　　　　　　　　　　　月　日—　月　日

	星期一	星期二	星期三	星期四	星期五
早锻炼					
餐后活动					
集体活动					
户外体育活动					
游戏活动					
区域活动					
餐前活动					
午　休					
起床活动					
游戏活动					
户外体育活动					
餐后活动					
离园					

设计依据与思路：

实践导师批阅：

任务卡 5‑54 我的周活动计划

幼儿园：			班级：		
日期：			设计者：		

周计划：

实习周教育活动安排表

月　　日—　　月　　日

	星期一	星期二	星期三	星期四	星期五
早锻炼					
餐后活动					
集体活动					
户外体育活动					
游戏活动					
区域活动					
餐前活动					
<div align="center" colspan="5">午　　休</div>					
起床活动					
游戏活动					
户外体育活动					
餐后活动					
离园					

设计依据与思路：

实践导师批阅：

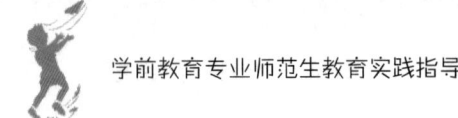

任务卡 5-55　我的周活动计划

幼儿园：			班级：		
日期：			设计者：		

周计划：

实习周教育活动安排表

月　日—　月　日

	星期一	星期二	星期三	星期四	星期五
早锻炼					
餐后活动					
集体活动					
户外体育活动					
游戏活动					
区域活动					
餐前活动					
午　休					
起床活动					
游戏活动					
户外体育活动					
餐后活动					
离园					

设计依据与思路：

实践导师批阅：

6. 沟通与合作

(1) 学会与指导教师与同伴沟通合作

实习生与幼儿园指导教师及同伴积极交往，并建立相互接纳、相互信任、互相支持的关系，有助于自己获得更加广泛的、真诚的指导与帮助，有助于良好人际关系的建立，有助于社交技能的培养，从而提高实习的成效。实践证明，实习生人际关系和谐，则心情舒畅、精神集中，实习效果好。相反，人际关系紧张，会因此而分散实习的注意力，从而影响实习效果。因此，实习生要学会交往。

① 实习生与园领导、指导教师的交往

实习对学生来说，是一个学习的过程，是一个需要获得帮助和指导的过程。实习生处理好与幼儿园领导和教师的关系，获得他们大量的指导和支持是十分重要的。因此，与园领导和教师交往时须做到：

虚心求教。实习生要正确认识自己的角色，尽管在孩子面前是一名老师，但是在幼儿园领导和指导教师面前却是一名学生。因此，对于领导和老师要予以尊重，虚心求教，切忌目空一切，目中无人。

主动沟通。实习生在闲暇之际与指导老师说说话、谈谈心是很有必要的。一天跟老师说不上十句话，见到园领导或指导老师躲得远远的，这样能得到指导老师经常性的指导和帮助吗？

适时适度地表现自己。有些实习生常羞于表现自己，说话、做事总是畏缩不前，缺乏发表自己意见的信心和勇气，这样是无法引起领导和老师们的注意和重视的。实习生要善于把握机会来展示自己，如说好第一句话，做好第一件事，组织好第一个活动等，就会给人留下深刻的印象。

② 实习生与同伴（同学）的交往

学会赞美。实习生经过自身的努力而完成的每一件事情（工作）都希望能获得他人的认可。所以，适时地、恰到好处地赞美同伴，是获得同伴接纳，拉近彼此心理距离的有效方法。但是这种赞美应该是真诚的、可信的。

友好合作。实习生要善于关心同伴，在同伴需要帮助的时候及时地伸出援助之手，你定然会得到相应的支持和关切，这种良好的信任感的建立会令你的实习工作非常愉快。

消除嫉妒。同在一个小组实习，组员间的可比性很大，所以看到别人比自己组织的活动效果好、比自己更受孩子喜欢、得到了指导教师的表扬就气愤、难过，以至拆台。伤害的不仅是别人，更是自己。因此，每个人要正确对待别人的长处，要善于用他人之长补己之短，要集中精力做好每一件事，少用心事琢磨他人；面对他人的嫉妒要不予理睬，始终保持愉快的心情。

淡化冲突。实习中发生冲突是难免的。这时，首先要保持冷静，要耐心听取对方的意见，多进行换位思考；要耐心地说明原委，以理服人；要尊重对方，切不可感情用事，更不能把自己的意见强加给他人；要礼让三分，避免冲突升级。

(2) 学会与幼儿交往

① 热爱而不偏爱。实习生要把幼儿当成平等的独立的个体，热爱并尊重每个幼儿，不能偏爱幼儿。作为实习生，有必要消除一切偏爱的因素，并开展多种形式的活动给不同

幼儿以表现机会,让幼儿真正认识到每个人都是最好的,都是教师的最爱。

② 充当多个角色。实习生应该把自己当成幼儿的老师、朋友、伙伴等多种角色。

③ 巧用肢体语言。积极的表情和身体语言可以拉近实习生与幼儿的距离。对幼儿来说,教师的笑容能让他愉悦一天。来自成人的爱抚,隐含了一种亲情式的眷顾,幼儿很容易一下子消除与实习生的隔阂,增加对实习生的信任感。与幼儿交谈时不妨蹲下来,甚至可以拥幼儿入怀。幼儿会从老师的微笑、爱抚、拥抱等表情和肢体语言中感受实习老师的温情进而真正接纳实习生。

④ 做到言而有信。对幼儿的承诺一定要兑现,要言而有信。当幼儿犯了错误时不要急于向指导老师或家长告状,应该寻找切实的办法帮助幼儿解决存在的问题,以赢得幼儿的尊重和爱戴。

⑤ 与幼儿一起"疯"。在幼儿园里,孩子需要懂得爱护和引导他们的老师,也需要一个做得童趣和保持童心的老师。实习生不妨与幼儿一起游戏,一起"疯"。

(3) 学会与家长沟通合作

幼儿园家长工作的目的是:实现家园相互配合,同步教育,促进幼儿素质的提高。这是幼儿园家长工作的出发点和归宿。实习生也应该学习承担这种重任,掌握与家长沟通的技巧。

① 家长工作的内容

第一,与家长建立联系,相互沟通情况。实习生应协助实习班教师积极保持与家长的联系和沟通。联系和沟通时应注意三点:

• 经常性。幼儿是存在个体差异的,幼儿的发展是一个渐进的过程,因而家长工作应该做到经常地联系与沟通。实习生可以通过个别谈话、便条、家园联系册、电话、家访等形式,配合指导教师向家长随时反映孩子的成长和进步,交换存在的问题与需要,以便及时采取措施促进每个幼儿在其原有基础上获得发展。

• 双向性。家园沟通是双向的,实习生不应只是单方面向家长提出工作要求或汇报幼儿在园的表现,让家长及时了解幼儿在园的生活和学习活动,还要善于诱导家长谈论孩子在家中的表现及家长的教养方式,以便家园共同研究教育的方法,相互反馈教育的效果,协调一致,达到同步教育和促进幼儿发展的目的。

• 要以幼儿发展和教育为中心进行沟通。家园无论采用何种方式进行沟通,目的都是为了促进幼儿的发展。家园沟通应根据实习班的教育目标,结合每个孩子发展的需要,将孩子在园、在家的表现和问题,互相通气,彼此配合教育,以促进每个孩子的发展。

第二,协助实习班教师提高家长科学育儿的水平。采取多种有效方式向家长宣传正确的教育思想和科学的育儿知识,帮助家长提高家教水平,不仅可以改进和优化家庭教育,而且有助于在教育孩子的问题上家园取得共识,达到教育上的协调一致。向家长宣传科学育儿的原则与知识,进行家教指导,应注意以下几个方面:

• 帮助家长认识幼儿期家庭教育的重要性。不少家长对幼儿家庭教育的重要性缺乏认识,有相当一部分家长认为把孩子送进幼儿园,教育就是老师的事,家长只管孩子的生活就行了。因此,实习生应该协助幼儿园向家长宣传:幼儿是人生的奠基时期,是身体、智力迅速发展与性格、品德、行为习惯形成的重要时期,是进行教育的黄金时期。还要使家长认清家长在教育孩子上起着重要的、不可替代的作用,应该尽到自身的责任。

- 家长树立正确的教育观念。目前,不少幼儿家长在儿童观、教育观等方面存在的问题,直接影响着家教质量和家园合作教育的效果。如不少家长误认为向孩子灌输大量的知识便是智力开发,让孩子学会一技之长就能成才、成星,并以为这就是早期教育;有些家长忽视幼儿社会性的发展,不重视孩子的性格品德、行为习惯的培养;还有些家长教育观念陈旧,不适应时代发展的要求。因此,实习生要协助幼儿园帮助家长端正和更新教育观念。树立使孩子在体智德美各方面全面和谐发展的思想,树立面向未来、从幼儿开始、培养社会主义一代新人的观念。

- 宣传科学的育儿知识。不少家长对孩子的期望过高,但又教育无方。他们不了解幼儿的生理、心理特点,缺乏科学育儿知识。有的家长对孩子娇惯溺爱,有的简单粗暴,有的家长对孩子过早地进行定向教育,有的家长对幼儿施行小学化、成人化的教育,等等。因此,实习生应协助幼儿园向家长宣传有关幼儿身心特点和科学保育、教育的知识,让家长了解教养孩子必须遵循的科学规律,坚持严爱结合、正面教育为主、以身作则以及教育一致性等教育原则。

- 帮助家长为幼儿的健康成长创设良好的家庭环境。要使家长认识到家庭教育尤其是家庭幼儿教育,从本质上讲是一种环境教育,要重视为孩子身心健康和谐发展创设良好的物质和精神环境。

家庭的物质环境指适宜于幼儿发展需要的玩具、图书、活动材料、活动空间等。实习生应使家长了解孩子是在活动中发展的,可建议家长根据家庭条件给孩子留出活动空间,并为孩子提供适宜的、适量的活动材料。多让孩子到户外去活动,利用双休日和节假日带孩子到大自然中去,丰富知识,开阔视野,陶冶情操,锻炼身体。

家庭的精神环境是由家庭成员的修养,家长的教育观念、教育态度,家庭成员之间的关系以及家庭气氛等组成。实习生应帮助家长了解爱孩子要建立在尊重孩子的基础上,教养态度与教养方法的不正确,便不可能为孩子身心健康成长提供有利的氛围。

第三,鼓励家长参与幼儿园活动。组织家长参与幼儿园的活动,是家园合作的一个重要内容,也是现代幼儿教育发展的趋势。家长的参与是多方面的,主要是参与幼儿园的教育活动以及参与幼儿园的管理。此外还有支持与参与幼儿园环境创设、改善办园条件等。

- 参与幼儿园教育活动。幼儿家长参与幼儿园教育活动较为普遍的形式有:在"开放日"幼儿家长来园观摩和参与幼儿园的教育活动;节日参与家园同乐活动;参与幼儿园组织的郊游、参观活动等。家长参与幼儿教育活动,不仅有助于提高幼儿的素质,同时有效地提高了家长的科学育儿水平。

- 参与幼儿园环境创设的各项活动。在创设幼儿园或班级的物质环境时,可请家长积极支持和参与。组织参观游览等活动时,也可让家长予以大力支持。

② 家长工作的个别交往方式

个别交往的方式是指教师与家长间一对一的联系和交往的方式。这种方式对深入了解幼儿的具体情况和有针对性地解决某位家长的个别问题十分有效。其方式有以下几种:

第一,家庭访问。

家庭访问是为了深入了解幼儿在家中的真实情况,了解家长对幼儿教育的认识、态度和方法,了解家庭及其周围环境对幼儿身心发展的影响,并针对个别幼儿的具体表现,与家长共同商讨教育幼儿的措施,以及介绍幼儿在幼儿园的成绩、进步与存在的问题,争取家长与幼儿园的密切合作。家庭访问体现着教师对幼儿的亲切关怀,对家长的尊重与理解。

实习生做家访时应注意以下问题:

一是,向指导教师说明家访意图和想法,征得指导教师的同意,与指导教师共同商议家访的内容与对策,并在指导教师的帮助下确定家访的对象。

二是,了解被访孩子各方面的情况和家庭情况,做到心中有数。

三是,参照"学前教育学"学科的相关内容拟定家访计划,以明确家访的目标和要求,避免告状式、谴责式、游览式的家访。

四是,初次上门家访要在指导教师的带领下进行,实习生重点观察指导教师的家访技巧,掌握家访的程序,学习指导教师与家长交往的基本技能。初步积累家访的经验和掌握一些家访的技能以后,实习生可以小组为单位结伴上门做家访。

五是,实习生独立上门家访时,要分工明确,团结合作,在保证家访程序顺利推进的同时,各成员的工作有所侧重。如有的侧重询问;有的侧重观察孩子在家里的表现及其与父母交往的方式,了解家长的特点和态度;有的重点记住家访的过程(最好不要当面记录);有的根据需要适时地将孩子引开,以保护孩子的自尊心。只有分工协作,才能取得家访的良好效果。

六是,对家访中观察和了解到的家庭隐私要保密,避免引起家庭内部或家庭与幼儿园之间的矛盾与冲突。

七是,家访结束后,实习生要及时填写家访记录,交流信息,并认真分析家访效果,总结家访的经验。

第二,个别谈话。

个别谈话是进行家长工作最简便、最经常、最及时的方法。是教师利用家长到园接送孩子的时间或与家长在事先约定的场合和时间里,和家长交谈有关教育孩子的情况,向家长反映问题,提出要求,共同商讨解决问题的过程。这种谈话,一般时间比较短,内容不宜过多。但是,实习生在做家访工作有困难的情况下,可将其作为与家长沟通的主要方式。

要想让与家长的个别交谈获得良好的效果,实习生应做到:

首先,精心做好交谈前的准备。包括:

＊通过班级资料和指导教师了解交谈对象——家长的相关信息(如年龄、工作、学历、教养方式和性格特征等)。汇集并分析有关孩子发展的材料,以便谈话时心中有数。

＊拟定谈话计划。特别要拟定提出的问题及解决问题的设想。

＊思考应变策略。同一实习小组成员可在一起预计交谈中可能出现的问题,估计家长可能出现的反应,并设想出应对的相应措施。

＊简易设置交谈的环境。如选择室内一处不易受到干扰的地方,摆好椅子或茶水。还可根据需要收集孩子平时的作品及成果,便于及时向家长展示。

其次,交谈时,态度要诚恳,要努力营造谈话的良好氛围,保证谈话在轻松、愉快的气氛中进行。

最后,注意交谈的策略。如用描述孩子的长处与可爱进入话题,会令谈话有一个好的开端;交流的过程中适时地运用富有感情的眼神、话语和手势等表达出对孩子的关心、爱护或是焦虑，会拉近与家长的距离，引起家长的共鸣；谈到孩子的问题时，要就事论事，不言其他，要用发展的眼光客观地评价孩子；同时，要耐心听取家长的意见和看法，表现出尊重家长的诚意。在此基础上与家长商讨教育的方式与方法，提出合理化的建议。

第三，家园联系手册。

家园联系手册是教师与家长围绕孩子的发展与教育进行书面联系与交流的形式。因此，所写内容要具体，不能空泛，也不能写成流水账，要侧重反映幼儿的变化与新的情况，要围绕幼儿园的教育目标和近期的教育任务，结合孩子个体发展实际来写。

通过家园联系手册，还可以发现家庭教育中值得注意的问题。比如，在某班的家园联系手册上，家长向教师所反馈的大都是孩子在知识技能上的进步与问题，很少关注孩子的性格、行为习惯方面问题，这就是一种十分重要的信息，通过分析、研究，可以为教师端正家长的教育思想提供依据。

第四，家长咨询。

家长咨询是一种面对面的家教指导方式，对家长在教育子女中存在的疑难问题进行解答。接待家长咨询的人原则上应是幼儿园中教育经验丰富并具有一定家教理论知识与实践经验的园领导、教师，也可以是聘请的有关专家。

实习生可参与咨询工作。在解答家长问题时应侧重从家教观念、教养态度及科学方法上给予指导，帮助家长分析产生问题的原因并指导家长今后应该如何去做。解答问题要根据家长的接受水平，深入浅出。遇到没有把握解答的问题不要勉强应付，应以高度的责任感去请家教行家或者查阅资料后再作解答。

第五，书信、便笺。

对于长期在外学习或工作的幼儿家长，应设法与孩子的父母取得联系。一般是采用书信形式向家长汇报孩子的成长情况。这种做法不仅能密切家园关系，往往也能促使他们人不在孩子身边，但心仍关注着孩子的发展，起到配合教育的作用。便笺是幼儿园经常使用的一种方式，一般是对临时发生的情况和问题，需及时与家长联系而不能与家长见面时，可让孩子和接送的人转递给家长。

第六，电话。

对于工作繁忙无暇接送孩子的家长，实习生可以利用电话和家长联系。要记住这类家长的电话，并了解最佳的通话时间，和家长适时联系。

第七，电子邮件。

在有条件的幼儿园，还可以通过电子邮件的方式和家长保持联系。

③ 家长工作的集体方式

幼儿园家长工作集体方式是指对家长群体进行工作的方式，如召开家长会、举办家长学校或家教专门讲座、家教经验交流、各种家教研讨活动、设置家园联系栏（家教园地）、组织面向家长的开放日以及印发有关家教学习资料等。集体方式的家长工作与个别化的家长工作方式必须结合进行。家长工作的集体方式大致有如下几种：

第一，家长会。

家长会是幼儿园普遍采用的一种家长工作方式。有全园性的、有年级与班级的，还有不同类型的家长会。

全园性的家长会议要求全体家长都参加,一般安排在学年(或学期)初与学年(或学期)末,这种家长会的内容大多是向家长报告幼儿园的工作计划,汇报教育成果及向家长提出要求等。

年级家长会则是向家长报告本年级教育工作计划,特别是讲解这一学年(或学期)的教育目标和家园合作教育的要求,并可组织讨论,听取家长的意见和建议。

分班家长会更具有针对性,便于家长与教师双向交流,共同研讨有关孩子的保教问题。家长会的形式不拘一格,主要应注重实效。

第二,家教讲座。

家教讲座必须做到理论联系实际,内容具体,深入浅出,多举实例以打动家长的心,解决家教中的偏颇和家长在教育上的困惑。既要提高家长的认识,又要帮助家长解决操作性的问题,只有这样才能受到家长欢迎,收到良好的效果。给家长讲课切忌照本宣科,死板地按幼儿生理学、心理学和教育学的理论知识去讲。对文化水平低的家长,更要采用通俗易懂的语言讲述科学育儿的道理,避免使用专业名词术语,以免家长听不懂而乏味,收不到预期效果。

第三,家园联系栏。

家园联系栏,有面向全园家长的,也有各班自办的。面向全体家长的家园联系栏一般都是介绍有关家教新观念、家教好经验、保健小常识、季节流行病的预防,等等。各班的家园联系栏内容包括本班近期教育目标介绍、需要家园合作的教育内容、孩子的发展情况与一些有针对性的家教指导性文章等。家园联系栏应办得生动活泼,能吸引家长,文章、资料要短小精悍,可由教师编写,可摘录家教报刊上的内容,也可以由家长提供经验、体会等。家园联系栏应设在家长接送孩子必经之处,内容要经常更新,字迹不可太小。

第四,家长开放日。

家长开放日是指幼儿园定期或者不定期地向家长开放,邀请家长来园观摩和参观幼儿园的活动。家长观摩或参加幼儿园的活动,可以从中具体了解幼儿园教育工作的内容、方法;可亲眼看到自己孩子在各方面的表现,得知孩子的发展水平及与伙伴交往的状况,特别是可看到自己的孩子在与同龄幼儿相比较中显示出的优势与不足,从而有助于家长深入了解孩子,与教师合作有针对性地教育孩子。同时,家长在观摩与参与活动的过程中,还可以观察到教师的教养态度、教养方法与技能。

大多数幼儿园都利用六一、元旦等各种节日,请家长到幼儿园参加同乐活动,如请家长和孩子共同开展游艺活动、参加运动会、同台演出等。

举办"开放日"一定要使家长明确目的,让家长了解看什么,怎样看,特别是看到自己的孩子与别的小朋友在某方面有差距时如何认识和对待,以免产生负效应。

第五,家教经验交流。

在幼儿家长中不乏一些教子有方的家长,请他们现身说法,谈认识、谈家教经验一般都很生动、实际,说服力强,具有可操作性。实习生应协助教师发现家长中的家教好经验、好典型。这样的交流可以是幼儿园有目的、有计划、有组织地进行的,也可以是教师创造条件让家长面对面地个别进行的。

还可根据本班家长中普遍存在的家教问题、难题开展专题讨论,调动家长的群体智慧,汇集家长的经验,提高认识,研究教育对策。举办这样的研讨会必须事先做充分的准备,必要时也可以请有关专家参与研讨,以提高研讨会的质量,帮助家长提高家教水平。

第六,提供学习材料。

社会上有关家教的报刊资料日益增多。幼儿园可以有选择地向家长推荐、介绍。还可以将对家教有重要现实指导意义的资料及时印发给家长学习。有条件的幼儿园还可以专门开辟家长阅览室,陈列家教书刊,提供家教讲座、家教经验报告的录音、录像带,供家长使用。家长阅览室应有专人管理,定时向家长开放,还可开设复印等服务项目,为家长提供所需的资料。

任何家长工作方式,都应根据情况,从实际出发,讲求实效。

任务窗

任务卡 5-56　教师家园沟通工作观察记录

幼儿园:	班级:
观察日期:	教师:

教师与家长沟通事件描述:

沟通时长	沟通方式	沟通过程中教师与家长反应	沟通效果

我的思考:

实践导师批阅:

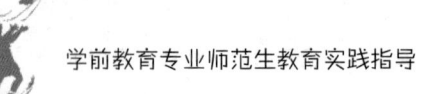

任务卡 5-57　教师家园沟通工作观察记录

幼儿园：		班级：	
观察日期：		教师：	
教师与家长沟通事件描述：			

沟通时长	沟通方式	沟通过程中教师与家长反应	沟通效果

我的思考：

实践导师批阅：

任务卡 5‑58　教师家园沟通工作观察记录

幼儿园：		班级：	
观察日期：		教师：	
教师与家长沟通事件描述：			

沟通时长	沟通方式	沟通过程中教师与家长反应	沟通效果

我的思考：

实践导师批阅：

7. 幼儿园大型活动组织

幼儿园大型活动是指较大规模、有全体幼儿甚至家长参加的集体活动。主要包括节日活动、参观活动、纪念活动、全园运动会、郊游，等等。实习生应该积极参与大型活动并掌握其组织策略及步骤。

（1）大型活动开展的步骤

① 确定活动步骤。

② 撰写活动方案。

③ 做好活动准备。

④ 进行活动实施与管理。

请根据下面的表格来了解大型活动的组织与开展。

任务窗

任务卡 5-59　了解活动主题是如何确定的

活动主题	
活动场地	
与主班老师交流：为什么会选择这个活动，活动的意义	

成绩	满分	100	得分		教师签字	

如果你参与了大型活动的准备，就你观察到的或者通过询问主班老师，了解活动的准备。

任务窗

任务卡 5-60　参与活动的准备

活动准备	准备详情
物质准备	
是否有特殊的手续准备 （如租赁场地、上报相关部分等）	
人员分工准备	
其他	
场地的选择与布置	

| 成绩 | 满分 | 100 | 得分 | | 教师签字 | |

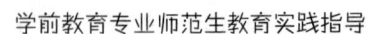

一般而言，大型活动都会要求做突发状况的预案，向主班老师询问突发状况的方案并进行摘抄。

任务窗

任务卡 5-61　了解活动的突发状况预案

活动突发状况预案				
成绩	满分	100	得分		教师签字	

如果你参与了大型活动的组织，请记录你看到的环境，并思考每个环节最突出的亮点，同时反思这个环节能否进行优化。

任务窗

任务卡 5-62　了解活动环节的设计

活动环节 （记录活动开展的环节）	环节亮点 （思考环节突出的亮点）	环节优化 （反思该环节能否优化）

成绩	满分	100	得分		教师签字	

活动完成后，向主班老师询问，获得幼儿园大型活动的方案，并进行摘录。

任务窗

任务卡 5-63　了解大型活动的活动方案

活动主题	
活动目标	

活动时间		活动地点	

活动准备：

活动流程：

人员分工：

应急预案：

成绩	满分	100	得分		教师签字	

（2）参与大型活动实习的基本要求

① 在详细了解大型活动的具体实施方案的基础上，主动向实习班教师提出实施方案的合理化建议。

② 根据本人的能力和特长，积极主动地承担活动中的各项任务。

③ 自己的活动计划要与总体方案相符合。

④ 在活动中要围绕教育目标，抓住教育时机，进行随机教育。

⑤ 主动与实习班的教师和保育员交流沟通，在参与大型活动的同时，配合组织管理好幼儿的日常活动。

⑥ 记录活动的全过程，活动结束后，认真分析研究，写出实习报告。

任务窗

任务卡 5－64　参加幼儿园大型活动实习情况记录

活动主题	
活动目标	
活动时间	活动地点
活动准备	
活动流程	

(续表)

人员分工	
应急预案	
亮点与优化	

三、常见问题与对策

1. 户外游戏中,对小班幼儿说了游戏规则,但幼儿依旧不听该怎么办?

首先,实习生对游戏玩法和规则的提出要深思熟虑,语言表达要清晰明了、形象生动,可以综合运用讲解、示范、边讲解边示范等方法,清晰说出游戏玩法和规则。其次,在讲解完游戏玩法和规则后,先不要急于开展活动,可以和幼儿一起讨论一下游戏的玩法和规则,确保每一个幼儿都充分理解要求之后再开展游戏。除此之外,对于按照老师指令玩游戏的幼儿,要及时进行表扬和鼓励,为其他幼儿做示范。

2. 对于集体活动中注意力不集中的幼儿该怎么办?

首先,实习生要了解幼儿的年龄发展特点,幼儿的注意力保持时间是有限的,大班幼儿一般在25—30分钟,中班幼儿在20分钟左右,小班幼儿15分钟左右,如果超出时间,幼儿的注意力都不容易保持集中;其次,要注意选择有趣的活动内容,内容不适宜也不能够吸引幼儿;第三,要精心设计活动过程中的语言运用,做到每一句话都表达清晰、简洁、明确,避免指令、要求不清晰;第四,讲究语言表达技巧,注意变换语气、语调,做到抑扬顿挫,吸引幼儿;第五,游戏对幼儿有着天然的吸引力,游戏化的活动设计可以让活动更有趣。除此之外,对于注意力特别容易分散的幼儿,可以根据具体情况,设定规则,也可以适当提醒幼儿,如:"保持安静的话老师会更喜欢你的。"当幼儿表现有所改善时,要及时表扬鼓励,强化幼儿好的表现。

3. 如何建立良好的班级常规?

幼儿园班级常规是指幼儿在幼儿园一日生活各种活动中应该遵守的基本行为规范,包括生活常规、学习常规、游戏常规。良好的班级常规对于一日活动的顺利开展和幼儿发展都具有重要作用,《纲要》指出"建立良好的常规,避免不必要的管理行为,逐步引导幼儿学习自我管理",但如何建立一个良好的班级常规是实习生比较困惑的问题。对于良好班级常规的建立可以尝试从以下几个方面展开:

(1) 要求明确

要用简洁、清晰的语言告诉班级幼儿常规要求,如"先举手再发言""上下楼梯请排队""东西从哪里来放回哪里去"等,避免常规要求表述不清晰,幼儿不易理解。

(2) 榜样示范

模仿是幼儿重要的学习方式,在班级常规建立方面,可以采用榜样示范的策略。当某个幼儿遵守班级常规,表现较好时,老师要能够及时发现并表扬这个幼儿的良好行为,这样一来,其他幼儿就会纷纷来模仿这个幼儿的行为。

(3) 环境渗透

可以利用环境创设来帮助幼儿遵守班级常规。比如,在美工区用图文并茂的形式告诉幼儿进区的规则,在户外活动场地贴上小脚印告诉幼儿做早操的位置,在卫生间贴上帮助幼儿独立大、小便的动作提示图等,这都有利于提醒幼儿遵守班级常规。

(4) 游戏巩固

可以运用讲故事、情景表演、儿歌等形式帮助幼儿理解和巩固班级常规。比如可以玩"送玩具回家"的游戏，帮助幼儿养成将常用物品按固定位置摆放的习惯，不随手乱放物品。儿歌也是帮助幼儿掌握班级常规的重要方法。比如可以通过《我是好宝宝》的儿歌让幼儿掌握学习活动的常规要求。《我是好宝宝》歌词内容："我是好宝宝，上课小手放得好，小小脚并并拢，小眼睛看老师，说话先举手，做个好宝宝。"

(5) 集体讨论

对于中、大班，在发现班级幼儿在常规方面有问题时，也可以通过小组或全体幼儿共同讨论的方式来提醒幼儿自主遵守班级常规，或者是重新制定、调整班级常规，并逐步引导幼儿形成自我管理。比如，在户外活动中，当发现中班幼儿随意扔呼啦圈时，老师及时制止了这种行为，并在户外活动结束回到教室后，老师组织全班幼儿共同讨论这种行为的影响，并请幼儿自己商讨户外活动中使用呼啦圈的常规要求。

同时，在建立班级常规时，还要注意符合幼儿的年龄特点，以及在日常生活中进行随机教育，及时强化幼儿对班级常规的遵守。

4. 害怕和家长交流怎么办？

《纲要》指出："家庭是幼儿园重要的合作伙伴。应本着尊重、平等、合作的原则，争取家长的理解、支持和主动参与，并积极支持、帮助家长提高教育能力。"家园沟通也是教育实习的一项重要内容，实习生害怕和家长交流的原因主要包括：不知道跟家长说些什么，对每个孩子情况不够了解，观察不够细致，担心家长询问孩子表现时答不上来或回答不准确，缺乏教育经验，难以应对家长提出的育儿问题。

针对以上问题，实习生可以从以下几个方面提升与家长沟通的能力：

(1) 认真观察幼儿表现

观察与了解幼儿表现是与家长沟通交流的基础。实习生开始教育实习工作后，要尽快熟悉班级幼儿，认真观察每一位幼儿的表现，并做好观察记录，这样，在面对家长时，才能准确沟通幼儿的在园表现。

(2) 多观察、学习班级教师与家长的沟通技巧

实习期间，要留心观察幼儿园教师是如何与家长沟通的，学习与家长沟通的技巧，同时，也可以与班级教师交流自己对班级幼儿的观察与评价，多了解每个幼儿的个性特点、能力发展、兴趣爱好、成长环境等，了解幼儿家长的特点，为与家长沟通做好准备。

(3) 模拟演练，做好准备

在熟悉幼儿并对幼儿进行细致观察后，可以和班级其他教师进行一次"家园沟通"模拟演练，预设沟通的内容，提升沟通技巧，为真正和家长沟通做好准备。

(4) 大胆尝试，积累经验

经过模拟演练后，可以大胆尝试和部分家长进行沟通，在和家长沟通过程中，要面带微笑，落落大方，表达清晰。注意先讲幼儿的优秀表现，而不是一开始就反映幼儿的各种不良行为表现。如果确实幼儿有不良行为问题需要与家长沟通，在和家长沟通前，需要与主班老师达成一致意见，并且，最好和主班老师一起和家长进行沟通。对幼儿行为问题的描述要客观，陈述事实，不能夸大其词或带有强烈的负面情绪，分析幼儿产生行为问题的

原因，并为家长提供改进不良行为的有效建议。

5. 集体活动中，总是有个别幼儿特别喜欢插嘴怎么办？

对于幼儿爱插嘴的问题需要根据实际情况进行具体分析。首先，喜欢表达、想到什么马上就说什么是幼儿的发展特点，幼儿爱插嘴是一种正常的现象。对于小班幼儿来说，发言一般是不需要举手的，当提出问题后，幼儿就可以一起来回答，针对小班幼儿，实习生可以多提出开放性的问题。

到了中班，要开始逐步培养幼儿的规则意识，慢慢开始要求幼儿举手发言。幼儿插嘴一般有以下几种情况：幼儿缺乏自制能力、希望得到教师的表扬、打小报告。对于缺乏自制能力的幼儿，可以通过榜样示范、个别谈话、家园沟通等方式，让幼儿意识到随意插话的不良影响，以提高自制能力。同时，当幼儿表现有微小的进步时，就要进行及时表扬，以强化幼儿改掉插话的习惯。对于希望得到教师表扬的幼儿，可以适时地请这部分幼儿回答一些问题，满足幼儿的表现欲望，同时，要着重强调常规要求，运用比赛等方式，比一比哪位小朋友最遵守纪律，以便让这部分幼儿遵守班级常规。对于爱打小报告的这部分幼儿，经常会检举其他幼儿的不良行为，其实注意力并没有集中在学习活动上面。在首先批评不遵守纪律的幼儿后，再请打小报告的幼儿回答一个与学习活动相关的问题，由于注意力不集中，这部分幼儿常常不能正确回答问题，这时，可以告诉这部分幼儿要集中注意力在学习上面，老师会发现哪些小朋友做得不好，并请做得不好的小朋友及时改正。

插嘴也分为无意义的插嘴和有意义的插嘴两种类型。对于无意义的插嘴可以通过榜样示范、共同讨论、个别谈话等方式督促爱插嘴的幼儿改掉这一习惯。有意义的插嘴往往与学习活动本身相关，并且能够引发有价值的讨论，对于这种插嘴，实习生可以利用幼儿提出的问题生成富有价值的教育活动，在活动结束后通过个别谈话的方式帮助幼儿通过举手的方式表达自己的观点，而不是随意插嘴。

6. 对于爱独处、性格内向的幼儿，如何提升幼儿的社会交往能力？

对于爱独处的幼儿，实习生首先应该认真观察幼儿的行为表现、兴趣爱好，可以从幼儿喜欢的玩具、游戏入手，通过玩具开放日、自由游戏等方式，为幼儿之间的交往创造机会。其次，可以安排性格外向、活泼、喜欢表达的幼儿和这部分幼儿坐在一起，带动他们共同参与到集体游戏、学习活动之中。第三，教师可以根据对幼儿的观察，选择幼儿感兴趣的话题和他们进行交流，表达对幼儿的关心，为他们创设一个宽松、愉悦的生活与学习氛围，在感到安全与放松的环境中，或许幼儿会更多地表达与交往。第四，当这些幼儿在交往方面取得哪怕是一丁点儿的进步之后，教师要及时进行表扬和鼓励，强化幼儿的交往行为。第五，寻求家园合作，与家长沟通幼儿的行为表现，家长在日常生活中可以以身作则，家人之间、邻里之间多沟通，为幼儿做行为示范。同时，在日常生活中，家长也可以多带孩子与小区幼儿一起游戏，提升幼儿的社会交往能力。

7. 该怎么对待班上调皮的幼儿？

幼儿的个性特点各不相同，教师要包容、尊重每一位幼儿。对于班上调皮的幼儿，行为的改变绝不是一朝一夕的事情，对待这部分幼儿，教师要有耐心。对于一些调皮的行为,可以利用午饭前、离园前等过渡环节,和班级幼儿一起讨论这些行为是否合适,会产生什么影响,并分享好的行为表现,通过树立榜样的方式,鼓励幼儿进行模仿学习。同时,要做好家园沟通,和家长一起形成教育合力,对调皮的幼儿以发现幼儿身上的闪光点、进行正面鼓励为主,长期坚持下来,调皮的幼儿也会逐渐取得进步。

8. 集体教育活动中,如何面对频繁举手、过度要求关注的幼儿?

对于这类幼儿,首先老师要肯定他们的积极性,给予关注,让他们对集体有归属感。但同时,要引导他们学会遵守规则,如游戏中学习轮流、自控等,比如玩木头人、猜谜游戏,提升自控力;引导幼儿多思考,比如可以用"好好想一下再发言"的话语引导幼儿冷静思考;在活动中,可以采用每名幼儿依次发言的方式,引导幼儿学会排队和等待。

9. 提出的问题,幼儿答非所问怎么办?

提问是幼儿教师常用的一种教学策略,有效的提问,能激发幼儿的兴趣,引发其思考和探索。由于幼儿的思维特点和认知发展局限,他们回答问题时答非所问是正常现象。作为教师,可以从以下几个方面着手:

(1) 深入了解幼儿的知识经验和思维特点

针对所要提问的内容,深入了解幼儿在此方面的知识经验,提问要在幼儿理解的范围内。提问前可以先铺垫相关内容,再提问,并积极回应。

(2) 提升提问能力

问题本身要契合常理和生活,聚焦在一个点上,幼儿思考问题的能力有限,不要在一句话里包含两个或更多问题;提问后,根据幼儿的回答情况给予回应。当幼儿答非所问时,说明很可能没有理解问题的意思,老师可以变通提问方法,用他们能听懂的方式提问。

10. 幼儿对区域活动材料不感兴趣,怎么办?

幼儿对活动材料不感兴趣,主要原因,一是对材料不熟悉,不会玩;二是材料长久没有更新,玩腻了;三是区域活动时老师不关注,不引导,幼儿觉得无聊。

针对以上几个原因,老师可以采取以下几个策略解决:

(1) 分层次提供游戏材料,老师和幼儿一起探究玩法

在同一个游戏区域,要提供难度层次不同的材料,满足不同发展水平的幼儿游戏需要。如在娃娃家里,为幼儿提供勺子、叉子、筷子等不同类型和规格的餐具,提供海绵、碎纸片、弹珠等不同"食物",幼儿可根据自己的能力水平选择;对于新添加的游戏材料,尤其是一些科学类的操作材料,幼儿可能因不知道玩法而失去兴趣,这时候老师可以进入活动区,与幼儿一起探究其玩法,并表现出游戏兴趣,从而引发幼儿的探究兴趣。

(2) 及时更新材料,持续引发幼儿兴趣

游戏区域的材料要及时更新,持续更换,不断引发幼儿的探究欲望。可以通过与其他班级交换材料、分批次购买、分批次投放等方式,达到活动区材料的更新。

任务窗

任务卡 5-65　教育实习事件记录与反思

时间		地点		事件名称	
事件实况简单描述：					
主观感受与评价：					
自我影响与启示：					

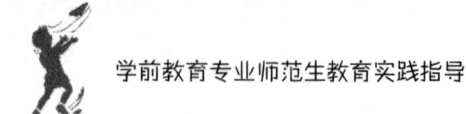

任务卡 5‐66　教育实习事件记录与反思

时间		地点		事件名称	
事件实况简单描述：					
主观感受与评价：					
自我影响与启示：					

任务卡 5-67　教育实习总结报告

姓名		学校班级		学校带队教师	
实习园所		实习班级		幼儿园指导教师	
实习时间	年　　月　　日至　　　年　　月　　日					
实习态度及行为表现自评					
知识经验的获得自评					
保育工作及组织能力自评					
其他工作及实施效果自评					

实习体会：

| 成绩 | 满分 | 100 | 得分 | | 教师签字 | |

任务卡 5-68　个人行为规范考评细则

序号	基本要求	满分	自评得分	小组评分	教师评分	实得分
1	热爱幼儿　尊重幼儿	10				
2	以身作则　为人师表	10				
3	谦虚谨慎　虚心请教	10				
4	积极思考　认真钻研	10				
5	坚守岗位　尽职尽责	10				
6	工作主动　热爱劳动	10				
7	服从安排　团结协作	10				
8	尊敬家长　待人热情	10				
9	遵守纪律　爱护财物	10				
10	仪表整洁　举止文明	10				
合计		100				
幼儿园教师评语 签字： 　年　月　日			学校带队教师评语 签字： 　年　月　日			

相关链接

教育活动设计与实施考评细则

评估项目		基本要求	评分标准				得分
			优	良	中	差	
活动设计	设计格式	格式规范、完整（包括活动名称、活动目标、活动准备、活动过程、活动延伸以及活动资源）	5				
	设计目标	目标设计全面，包括知识、技能与情感态度三方面，目标撰写具体明确	5				
	设计内容	对教材进行一定的分析，撰写详细教案，没有明显的科学性错误	10				
活动实施	活动目标	活动过程中自始至终能围绕教育目标组织并引导幼儿积极开展各种活动，教育目标明确、具体，符合本班幼儿年龄特点和实际发展水平	5				
	活动准备	能按活动设计的意图及时、充分地做好活动前的各项准备（包括教具、学具及相关知识经验和其他教育活动环境的创设）	6				
	活动内容	能关注幼儿的发展和兴趣，有助于扩展幼儿的经验和视野，体现综合性、科学性、能激活情趣、激活兴趣、动手动脑，活动容量适当，活动结构合理	6				
	活动过程	活动过程围绕目标进行，结构层次清楚完整；各环节衔接自然，重点、难点突出	6				
		能根据教育活动性质灵活运用集体、小组、个别等组织形式，避免教育活动中时间的隐形浪费	6				
		方式方法：能结合教育活动的实际需要，应用语言、直观、实践、评价、环境等多种教育方法	6				
		能为幼儿提供探究自和自我表现的条件，使幼儿能大胆表达自己的理解和想象	6				
		在教育过程中能引导幼儿主动参与、大胆探索、勤于动手、积极思考、相互交流、相互欣赏，培养幼儿良好的学习习惯、动手习惯和初步的学习能力	6				
	教师素质	积极创设教育活动的物质环境	3				
		教态自然，能耐心倾听、努力理解幼儿的想法和感受	3				
		善于观察，能敏感地觉察幼儿的需要，形成合作探索的互动的精神环境，促进幼儿主动地学习	3				
		语言规范，富有启发性	3				
		发挥专长，能在教育活动体现个人教学的特色	3				
	教育效果	能达到预定的教育目标，幼儿的学习习惯良好，参与程度高，情绪饱满，思维活跃	15				
总分							

半日活动考评

评估项目		基本要求	评分标准				得分
			优	良	中	差	
活动设计	设计格式	格式规范完整,包含作息时间表、生活活动、集体教育活动、游戏活动(区域活动和户外活动)等四大部分	5				
	活动安排	活动安排科学合理,体现保育教育的原则,重视幼儿的个别需求,适当安排幼儿自由活动的时间和空间,注意各个过渡环节的设计	10				
	内容设计	活动内容丰富,活动要求具体明确;内容撰写详细,具有可操作性	5				
活动实施	目标落实	一日(半日)活动中自始至终能围绕一定的教育目标,注重教育目标在各种活动中的渗透,针对本班幼儿实际情况,有计划地促进幼儿体、智、德、美诸方面的发展	10				
	环境创设	能根据活动需要,及时、充分地做好活动前的各项物质准备,积极营造宽容接纳的教育氛围,为幼儿提供探究和自我表现的条件,在各种活动中培养幼儿良好的生活习惯、学习习惯、行为习惯和社会性交往能力的发展	10				
	活动内容	生活活动:指导和帮助幼儿获得日常生活的技能,保教结合	5				
		集体教育活动:有目的地对全体幼儿实施知识、技能、情感态度方面的教育,正确运用多种教育手段组织形式,因材施教,创设环境,促进全体幼儿主动积极地发展	5				
		游戏活动:尊重幼儿的意愿,选择幼儿喜爱的内容,创设丰富多彩的物质环境和宽容接纳的精神环境,细心观察,耐心指导,动静交替,做中玩,玩中学,能寓教于乐	5				
		区域与户外活动:尊重幼儿的意愿,变化灵活地运用集体、小组、个别等组织形式,满足幼儿的个别需要,促进幼儿健康发展	5				
	活动组织	各种活动有序交替,各环节衔接自然,避免活动进行与交替中时间的隐形浪费	5				
		方式方法:能结合教育活动的实际需要,运用语言、直观、实践、评价、环境等多种环境方法	5				
	教师素质	积极创设教育活动的物质环境;教态自然,富有爱心,能耐心倾听、努力理解幼儿的想法和感受;善于观察、能敏感地觉察幼儿的需要,形成合作探索的互动的精神环境;寓教于乐、寓教育于生活;语言规范,为人师表;应变能力强,善于运用教育机智,即时消除活动中不安全的因素,有效组织和控制本班幼儿的活动现场	10				

续 表

评估项目	基本要求	评分标准				得分
		优	良	中	差	
幼儿表现	幼儿的生活与学习习惯、活动常规、情绪状态良好,活动充实,没有过度疲劳和过度消极的现象,也没有不安全的事故发生	5				
	团结协作,爱护玩具,游戏活动常规良好	5				
活动效果	能达到多方面的教育目标,各种活动有序更替,幼儿状态良好,无不安全事故发生。	10				
总分						
指导教师签字						

拓展阅读

说课和试教

一、说课

(一)含义

说课就是指在确定某一活动课题之后,对课题进行分析,并对活动的设计进行系统讲述的一种教学准备活动。讲述的内容主要包括对课题的理解、对教法的运用、对教学程序的设计及理论指导的分析等。即让实习生说出教什么,怎么教,为什么要这样教。实习生的说课训练重在增强目标意识,熟悉活动流程,提高分析和表达能力。

(二)内容

1. 说教材

教材是教育活动的基础,是对幼儿进行知识教育、技能训练、情感态度培养的重要工具。因此实习生要以真钻研教材,明确教材的特点。

第一,说教材内容和特点。实习生要深入研究教材,挖掘教材的主题和教育意义,分析教材中最符合本班幼儿身心特点的要素,运用所学的技能技巧把教材准确、生动地表现出来。

第二,说活动目标、重点及难点。这是说课的关键部分,其核心是将课题转化为具体明确和详细的活动目标。活动目标要根据幼儿的年龄特点、原有水平、能力以及课题内容和性质来确定。活动目标应包括幼儿知识、技能、情感态度三个方面。找到重点、难点并把它提出来,有利于在设计活动时采用多种方法加以突破,以实现活动目标。

第三,说材料准备。它包括为达到活动目标而准备的物质材料及为本次活动创设的动态环境等。主要有教具、学具、场地、电教手段及幼儿的认识准备等。

2. 说教法

第一,说组织活动所采用的教育模式,以哪种教法为主,哪些教法为辅,并说出理论根据。

第二,说选择了哪些教具、学具和电教手段,并说出根据。

第三,说该课题采用的组织形式。

3. 说学法

一是说出教给幼儿哪几种学习方法,如何教。二是说要培养幼儿哪些学习能力,如何培养。三是说出训练幼儿哪些学习习惯,如何训练。四是说出如何面向全体,注重个别差异,因材施教,激发幼儿的学习兴趣和积极性。

4. 说教学过程设计

教学过程设计是说课的难点。因为它是为实现活动目标,对教育内容的选择和教育方式、方法运用的说明,所以要说出活动过程分几步,讲哪些内容,提哪些问题,各部分的时间分配等,同时说出设计的理论根据。教育活动设计一般分为三个部分。开始部分:主要采用一些方法,引起幼儿兴趣和探索的动机,并建立幼儿已有经验与新学习内容的联系。进行部分:它是活动主要部分,要有步骤地引导幼儿运用多种感官,充分操作、尝试、发现。活动的重点、难点都在此部分体现出来。结束部分:小结学习的内容,布置任务,鼓励幼儿继续探索,评价幼儿学习情况。

(三)组织

说课既可以采用全面说,也可采用部分说的方式。全面说就是对说课内容进行全面完整的讲述,全面说课可先请能力较强的实习生担任,起到示范的作用。部分说就是对说课内容的某一部分进行重点讲述。部分说容易突出重点,引发讨论。实习生应根据指导教师的要求作不同类型的说课。

(四)评价

说课的评价指标有七个:一是说课材料准备情况,二是说课提纲撰写情况,三是说课时语言流畅、用词准确程度,四是说课者的举止与表情,五是说课内容是否重点突出,六是是否创造性地运用多种教育方法,七是教育活动设计是否完整、时间分配是否合理。

说课评价方法主要有两个:一是自我评价,二是集体评价。

(五)实例

中班综合活动《有趣的萝卜》说课稿
合兴中心幼儿园　徐　洁

我说课的题目是中班综合活动《有趣的萝卜》,这是我园园本课程——农村综合主题教育"蔬菜营养好"主题活动中的一个活动。

一、说教材

1. 教材来源:此活动选材来源于生活。我们都知道,萝卜是幼儿比较熟悉的蔬菜之一,在秋天这个丰收的季节,萝卜在农村、菜场等地随处可见,且取材方便,它的品种非常丰富,有白萝卜、胡萝卜、紫萝卜等,其中大小不同、颜色不同、形状不同;它营养丰富,吃法繁多,可煮汤、可凉拌、可红烧、可腌着吃,有的还可生吃呢!民间还有"十月萝卜小人参"的美称。

然而幼儿虽然知道萝卜,但对萝卜的种类、用途、营养价值等还不大了解,在日常生活中经常发现幼儿不爱吃萝卜的现象。因此,有必要使幼儿形成对萝卜正确的认识,加深对萝卜的特征、用途等的理解,激发幼儿爱萝卜的情感。我们认为,选择此教材有一定的季节性、必要性,就如《纲要》中所说,"既符合幼儿的现实需要,又有利于其长远发展;既贴近幼儿的生活,选择感兴趣的事物或问题,又有助于拓展幼儿的经验和视野。"因此,此活动来源于生活,又能服务于幼儿的生活。

2. 目标定位:活动的目标是教育活动的起点和归宿,对活动起着导向作用。根据中班幼儿年龄特点及实际情况以及布卢姆的"教育目标分类学",确立了认知、能力、情感方面的目标,其中既有独立表达的成分,又有相互融合的一面,目标为:

(1) 幼儿在感知萝卜的基础上,能表达萝卜的特征及用途,并能按萝卜的特征进行分类。

(2) 在游戏中了解萝卜的生长过程,体验萝卜生长的快乐。

(3) 幼儿乐于探索,能大胆表述,在活动中感受萝卜的有趣,产生爱萝卜的情感。

根据目标,我们把活动重点定位于:感知萝卜的有趣,主要是萝卜的特征、用途及生长过程。通过探索发现、多媒体课件、游戏引路、游戏体验及品尝萝卜制品,使活动得到深化。

3. 活动难点:根据萝卜的不同特征进行分类,主要通过小组商量自主操作,在动手的过程中意识到分类标准及分类结果,提高幼儿的分类能力,通过集体评价,使幼儿的分类经验得到整理。总之,我们树立了目标的整合观、科学观、系统观,力求形成有序的目标运作程式。使活动呈现趣味性、综合性、活动性,寓教育于生活情境、游戏之中。为此,我们做了如下活动准备:

(1) 空间准备:操作台6张呈半圆形摆布在前面和侧面,便于操作评价。

(2) 物质准备:兔子毛绒玩具、各种萝卜、篮子每桌一套、创编歌曲、多媒体课件、萝卜食品、轻音乐。

(3) 经验准备:幼儿对蔬菜有一定的经验(吃过或看过)。

(4) 全方位的准备为活动的成功开展提供可能。

二、说教法

新《纲要》指出:"教师应成为学习活动的支持者、合作者、引导者。"活动中应力求"形成合作探究式"的师生互动。因此,本次活动教师除了以可爱的形象、饱满的情绪影响孩子,以自己的形态感染幼儿外,还挖掘此综合活动价值,采用了适宜的方法组织教学,采用的教法有:

1. 操作法:它是幼儿建构活动的基本方法。所谓操作法是指幼儿动手操作,在与材料的相互作用过程中进行探索学习。本次活动安排了两次操作活动。第一次是引起兴趣后第一次操作,主要是探索萝卜的趣味性、多样性,让幼儿在看一看、摸一摸、比一比中获得感知。第二次操作是对萝卜进行分类。幼儿分类是指幼儿把具有一个或几个共同特征的物体聚集在一起的活动,分类活动是观察活动的延伸和应用。

2. 游戏法:游戏是幼儿的基本活动,它具有教育性、娱乐性、创造性。本次活动的第三环节中,我就引导幼儿扮演萝卜籽,共同体验萝卜生长的快乐。由于我利用了节奏快的旋律巧填歌词,编了一首《萝卜歌》,这给游戏活动注入了新的活力。孩子在表演的过程中不仅理解了萝卜的生长过程,更是创造了一个个可爱的萝卜形象。教师的适时赏识,把幼儿的创造之花点燃,显示了无穷的力量。

3. 演示法:是指教师通过讲解谈话,把实物或教具陈示给孩子看,帮助他们获得一定的理解。本次活动中的演示法是通过制作多媒体动画"萝卜的生长过程",让幼儿对萝卜生长有全新的认识,在这一过程中,现代教学辅助手段的运用发挥了传统教育手段不可替代的功能,使理解和认识更透彻。

4. 情境教学法:在教学过程中教师有目的地引入或创设具有一定情绪色彩的形象,为主体的生动活动提供具体的场景,以引起孩子一定的态度体验,使孩子心理机能得到发展的方法。

本次活动的全过程,我就引入了的幼儿喜欢的兔子形象,结合秋收,引发幼儿融入看萝卜、分萝卜、品尝萝卜的情境中,使幼儿主动探究,积极思考,达到科学素质的提高与个性发展的统一。

此外,我们还适时用了交流讨论法、赏识激励法、审美熏陶法对活动加以整合,使幼儿获得对萝卜多样性的理解和体验,达到科学性、艺术性、健康性、愉悦性的和谐统一。

三、说学法

以幼儿为主体,创造条件让幼儿参加探究活动,不仅提高了认识,锻炼了能力,更升华了情感,本次活动幼儿采用的学法有:

1. 多通道参与法:新《纲要》科学领域中的目标明确指出,"(幼儿)能用多种感官动手动脑,探究问题;用适当的方式表达,交流探索的过程和结果。"因此,活动中我们引导幼儿看一看、摸一摸、比一比、分一分、尝一尝、学一学、说一说等多种感官的参与,不知不觉就对萝卜发生了兴趣。

2. 尝试法:陶行知先生说过在"做中教,做中学,做中求进步"。在第一次操作活动中我们就鼓励幼儿分萝卜,引导幼儿按萝卜的特征进行分类。在这一过程中幼儿通过商量、合作,尝试着不同的分法。当然,幼儿不一定一次就能分成功,他们不断以动作调节自己的分类标准。伴随着动作,幼儿的思维就会灵动起来,因而就有了更丰富、多样化的分法。通过介绍性评价,又把大家的经验作一汇合,深化了各自的认识,拓展了分类面。

3. 体验法:心理学指出,"凡是人们积极参加体验过的活动,人的记忆效果就会明显提高。"为了让幼儿对萝卜的生长过程有更深的印象,我们就采用了游戏体验法,在唱唱演演中引导幼儿体验萝卜生长的快乐。

与此同时,我们还通过幼儿间的互补学习,师幼合作共长的方法,表达着各自的丰富、多样性的认识,体现着"以幼儿发展为本"理念。

四、说教学程序

我采用环环相扣组织此活动程序,活动流程为:激发兴趣—自由探索—操作分类—游戏体验—品尝交流—审美延伸。

(一)激发兴趣(小兔的萝卜丰收了)

兴趣是最好的教师。活动一开始教师就利用幼儿熟悉的小兔形象,为幼儿创设了"小兔萝卜丰收"的语言情境和物质(萝卜)情境,引发幼儿观察萝卜的兴趣。在以下的环节中,我都是以小兔作为情节发展主线,从形式上、内容实质上深深吸引孩子。

(二)自由探索(看小兔的萝卜)

根据幼儿好奇、好动的特点,运用皮亚杰的认知发展理论,在第二环节我就安排了孩子自由探索。我们为每组提供了充足的萝卜,供幼儿观察。在这一过程中,教师是引导者、支持者、合作者。在轻音乐播放的轻松氛围中,幼儿比比、摸摸、说说各自看到的萝卜的特征。

在这一过程中,孩子获得的经验是零碎的,那怎样进行加工整理呢?为此,在自由探索后我们就通过幼儿介绍,集体讲评的方式,对幼儿获取萝卜的经验进行整理。由于材料的投放在孩子的视线前面,故讲评时可结合实物进行,避免了空洞性。为了拓宽幼儿对萝卜的认识,教师还结合收集到的图片和实物萝卜做了一个概括,点到了课题中萝卜有趣的含义。

(三)操作分类(帮小兔分萝卜)

分类活动是前一次观察探索活动的应用,而幼儿分类往往根据自己的看法和想法进行,分类标准(依据)也在不断改变。因此,我们要求幼儿通过说一说、分一分,在尝试和自我纠正中完善各组的分类。这里主要是按萝卜的自然属性——形状、大小、颜色等进行分类。由于中班幼儿还不具备多维度思考问题的能力,故分类要求不是十分严格标准。我们允许产生错误和争论,引导幼儿在多次操作、反复尝试中积极思考,自己修正,学习科学的态度和精神。因此,只要幼儿分得有理,他们就完成了帮小兔整理萝卜的任务,就可以把分好的萝卜送到小兔家,这样幼儿就有了成功的体验。

在第二、第三个环节中,就完成了感知特征和操作分类的目标(目标1),同时目标三也得到了一定的体现,主要是探索态度和乐于表达方面。

(四)游戏体验(体验萝卜的生长过程)

幼儿感受知萝卜的特征后,很自然地就会联想到其生长过程。因此,及时设问"你们知道萝卜是怎么长大的吗?"幼儿通过联系实际经验的交流,结合多媒体课件,真切地理解萝卜怎样由一粒萝卜籽慢慢长大的过程,其动感使孩子感知生命的力量,替代了图片死板不动的传统方法,为了使幼儿的兴奋点上升,全体幼儿又在一曲《粉刷匠》旋律中自编自演了《萝卜歌》,在轻松的氛围中体验了成长过程的快乐。教师适时赏识又给每个孩子体验到创造的乐趣。此环节较好地将艺术融入了科学,达到比较完美的统一。这一环节落实了目标二。

(五)品尝交流(小兔请大家品尝萝卜食品)

在讨论交流萝卜的用途后,大家一定很想品尝了,为了满足孩子嘴馋、控制能力弱等特点,我就及时安排了小兔请大家品尝萝卜的情节,很自然地引导幼儿进行品尝交流萝卜的吃法,我们在每组提供的食品有:(生吃的、腌制的、红烧的、炒的、凉拌的),大家吃吃讲讲,在兴奋的状态之中,幼儿也逐步意识到多吃萝卜(蔬菜)营养好的道理,从而自觉地做到不挑食,让身体吸收更多营养,使身体长得更棒。在这一过程中萝卜的吃法也全面体会,幼儿在轻松的氛围中结束活动。到这环节,目标3就自然完成了。

(六)审美延伸(萝卜小制作展示)

活动结束,我们不能马上告一段落,关键是引导幼儿持续不断地对萝卜产生兴趣。小朋友知道了萝卜不仅有趣,它还有很多吃法,接着以加工制作玩具,使幼儿在审美心理、创作欲望上得到满足。教师通过几件小制作,引发幼儿对萝卜的创作欲望,使审美心理得到愉悦,进而为孩子有意愿投入下一个非正规性的自主活动奠定基础。同时,请幼儿把小兔和萝卜带走,既是为兔子帮忙的表现,又是为可能进行的制作创造条件,相信孩子会对萝卜产生持续的兴趣,或许还可以从中生成更有价值的活动。

附：中班综合活动：有趣的萝卜

一、设计意图

秋天是萝卜丰收的季节，在农村萝卜随处可见，取材方便。它是我园"农村综合主题教育"这一园本课程中的一个乡土资源。萝卜的品种丰富，有长长的白萝卜，有橘黄色的胡萝卜，有圆的红色的卞萝卜，还有绿绿的水萝卜等。平时，孩子们虽然都认识萝卜，但对萝卜的种类不太注意，对其营养也不甚了解，好多孩子不太喜欢吃萝卜，针对这些问题，特设计本活动。主要是引导幼儿在看看、摸摸、比比中感受萝卜的特征；分一分萝卜，表达分类的过程；演一演，体验萝卜生长的快乐；尝一尝，感知萝卜的味道和用途。通过小兔请大家看萝卜、分萝卜、吃萝卜等情境，引导幼儿积极主动地参与活动，从而获得新的感悟。

二、活动目标

1. 在感知萝卜的基础上能表述萝卜的特征及用途，并能按萝卜的特征进行分类。

2. 在游戏中了解萝卜的生长过程，体验萝卜生长的快乐。

3. 乐于探索，大胆表达，在活动中感受萝卜的有趣，产生喜爱萝卜的情感。

三、活动准备

1. 物质准备：信号音乐；小兔绒玩具一只；实物萝卜、空篮子、萝卜食品每桌一份；教师小结用的萝卜一份；课件"萝卜的生长过程"；萝卜食品每桌一套，萝卜小制作2～3件。

2. 经验准备：幼儿对蔬菜有一定的经验，对《粉刷匠》旋律有所熟悉。

3. 空间准备：幼儿座位呈框字形摆放，操作台呈半圆形放置于幼儿视线前面。

四、活动过程

1. 激发兴趣（情境：小兔带来萝卜丰收的喜讯）

（1）教师利用小兔绒玩具宣布小兔带来喜讯。

（2）简单介绍观察萝卜的要求

2. 自由探索（情节：看小兔的萝卜）

（1）幼儿去看一看、摸一摸、比一比，探索萝卜的特征。

（2）围绕问题交流发现：你看到的萝卜长得是怎样的呢？

（3）拓展幼儿对品种的认识。

（4）利用准备好的各种萝卜小结萝卜的有趣。

3. 操作分类（情节：帮小兔分萝卜）

（1）要求：小兔收了那么多萝卜，想请小朋友帮忙分一分（小朋友按萝卜的特征来分一分、说一说）。

（2）操作指导：允许幼儿尝试错误，自觉纠正，并用语言表达分的过程。

（3）评价：小组代表介绍，集体评价，然后把萝卜送到小兔家。

4. 游戏体验（情节：幼儿扮演萝卜生长）

（1）商量讨论：萝卜是怎么长大的呢？

（2）结合课件："萝卜的生长过程"，让幼儿了解萝卜从小到大成长的过程。

（3）利用《粉刷匠》旋律，欣赏编好的《萝卜歌》，再通过唱一唱、演一演体验萝卜生长的乐趣，用身体的形态、动作创造一个个可爱的萝卜形象。

5. 品尝交流(情节:小兔请大家吃萝卜食品)

(1) 联系实际商量讲讲萝卜的用途(吃法及营养)。

(2) 幼儿品尝萝卜食品,边吃边讲萝卜的味道及加工法等。

6. 活动延伸(情境:看萝卜制成的玩具)

用萝卜制成的玩具使幼儿产生审美愉悦,激发幼儿动手尝试制作的愿望。

二、试教

(一) 含义

试教就是让实习生在假想的、预设的教育活动情景中,按照教育活动正式进行时的流程试组织并指导教育活动的过程。实习生经过此前的教育活动观摩、教育见习,只能说是获得了有关组织与指导教育活动的间接经验,只有到了试教这一阶段,其角色就由台下观众变成台上的小演员了。这样的亲身体验比看别人表演、听别人演说要重要得多。在这个环节,指导老师就好比是"导演",实习生就好比是"演员",指导教师的主导作用和实习生的主动参与就是决定试教效果好坏的关键因素。通过试教,实习生不仅可以熟悉教育活动的组织流程和指导方法,提前暴露问题和不足,及时修改,才可以尽量减少教育活动中的失误,为下一步亲自组织教育活动奠定一个良好的基础。

(二) 内容

试教内容主要包括提供试教活动计划、出示教具学具、说课、试组织活动、相互评议、修改完善等。试教不只是实习生本人参与,还需要有指导老师和同学参与进来,所以,要进行必要的组织。完成一个试教活动的基本步骤包括:

1. 及时准备教育活动计划(教案)。

2. 提前三至四天的时间与指导老师约定试教时间。

3. 按要求提前一至两天准备好教具和学具。

4. 将自己写好的教育活动计划提前半天或一天交实习指导老师审阅,并通过"说课"形式征求指导老师的意见,根据指导老师意见加以修改。

5. 熟记教育活动设计的内容,熟练掌握教育活动中的有关知识技能技巧。

6. 完整试教(含教具操作和演示)。

7. 试教后积极参加实习生的相互评议,虚心征求指导老师的意见。

8. 认真总结,不断修改,不断完善。

9. 必要的话对修改的部分作局部试教。

(三) 要求

1. 认真备课,写好计划,虚心向指导老师求教,做好充分的教育活动准备工作。

2. 试组织教育活动时要使用教学式的语言,不能用口语交流,情绪饱满,教态自然。

3. 尽量接近真实教学,凡采用了教具、学具或其他辅助手段的一定要试操作、试演示。

4. 正确对待指导老师的批评或建议。试教的好处就是可以提前暴露问题,发现不足,所以,指导老师一般是用挑剔的眼光看问题。实习生对此要有一个好的心态,只有在这样的时候,指导老师才会教给实习生一些"点金之术""渔猎之技"。

第六部分 专题研习指导

情境导入 →

虎仔在幼儿园不小心摔了一跤,蹭破了一点皮,老师经过了及时处理,孩子的父母也能够谅解,但是早上外婆送来的时候,还是对老师发了脾气,老师有些委屈,今天工作面对虎仔的时候有一点忍不住心情不好。实习的时候你也会遇到很多的情绪问题,教师如何去管理自己的情绪呢?接下来的这个专题研习主要涉及幼儿的观察与支持、开展教育研究、做好情感管理和参与开展组织大型活动四个专题,能帮助大家解决工作中的一些常见问题。

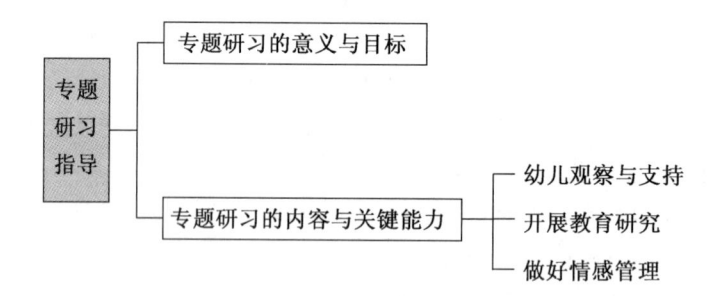

本章导学 →

```
                    ┌── 专题研习的意义与目标
专题研习指导 ──┤
                    │                                      ┌── 幼儿观察与支持
                    └── 专题研习的内容与关键能力 ──┼── 开展教育研究
                                                           └── 做好情感管理
```

学习目标 →

1. 掌握观察幼儿的方法,并能依据对幼儿的观察来支持和评价幼儿。
2. 掌握教研的一般流程,并能撰写教育叙事。
3. 理解情感管理对教师的重要意义并能有效地管理自己的积极情感和消极情感。
4. 熟悉幼儿园开展大型活动的流程并能在实习期间参与组织大型活动。

一、专题研习的意义与目标

作为一名合格的幼儿园老师,在实习工作中要具备一定的专业知识与能力,实习作为提升实践能力的重要一环,经过保育实习和教育实习,实习生基本能够进行一日生活的组织与保育、游戏活动的支持与引导、教育活动的设计与实施,但是依然有些能力是需要专门提及的,这对于顺利地进行实习以及成为未来的幼儿园教师都非常重要,需要专门提升的能力非常多,在此次的专题研习中选择了四个专题,一是幼儿的观察与支持,二是开展教育研究,三是做好情感管理,四是参与开展组织大型活动,这四个专题都非常重要。

第一,幼儿园教师的儿童行为观察素养是其专业素养的重要组成部分,也是考察其专业水平的重要指标。《学前教育专业师范生教师职业能力标准(试行)》在 2.4.3 中提出"学会观察分析幼儿的游戏,支持幼儿在游戏活动中获得身体、认知、语言和社会性等方面的发展"。教师的儿童行为观察素养需要教师主动观察、有目的地观察并能对观察结果进行分析和运用。尝试撰写观察笔记和教育笔记是学前教育专业学生教育实践的重要内容,能够有效地帮助学生掌握观察幼儿的方法,并能依据对幼儿的观察来支持和评价幼儿。

第二,"研究与反思"是幼儿园教师的专业核心能力,作为一名幼儿园教师,认识自己的教学行为和理解学前教育现象是十分重要的,以系统的方法认识和理解学前教育现象是学前教育研究方法的主要功能之一。《学前教育专业师范生教师职业能力标准(试行)》在 4.1.3 中提出"初步掌握教育研究的基本方法,能用以分析、研究幼儿教育实践问题"。学前教育专业的学生应系统掌握教研的方法和撰写教育叙事。

第三,教师的职业规定了教师的情感不能像普通情感那样可以随意表露,而是必须接受一定的情感规则的制约,必须体现出教师的理性与感性的统一。教师识别一些典型的消极情感并能够掌握一些管理消极情感的方法比较重要,同样的,能够管理积极情感使之促进幼儿的发展也非常重要。通过"做好情感管理"内容的研习,能促进学生理解情感管理对教师的重要意义并能有效地管理自己的积极情感和消极情感。

第四,实习期间会遇到辅助参与幼儿园的大型活动,设计与组织家园共育的大型活动也是今后工作的一部分,可以借助实习期间了解活动开展的步骤和注意事项。一般而言,大型活动的开展要确定活动主题、撰写活动方案、做好活动准备和进行活动实施与管理。通过本内容的研习,能够帮助学生熟悉幼儿园开展大型活动的基本流程并能在实习期间参与组织大型活动。

二、专题研习的内容与关键能力

(一)幼儿观察与支持

1. 用观察笔记观察儿童典型行为及个体差异性

(1)观察笔记的含义及价值

观察笔记是教师一日活动中随机或有计划地对个体、群体进行观察,将幼儿各种外在行为表现、情感、需要等如实记录,依据有关教育理论和经验加以分析并确定采取相应教育措施的文章。①

观察笔记是一种较普及并易于操作的教科研方法,力求客观、准确。当前,记录观察笔记已成为教师的一项常规工作。实践证明,坚持写,有利于增强教师研究幼儿的自主意识,提高教育教学水平。教师经常观察、研究和了解自己的教育对象及其个体差异,并逐渐形成一种自觉意识,能较准确地把握幼儿的"最近发展区",及时调整计划与措施,更好地施以个性化教育,提高教育艺术,有利于提高教师的教科研水平。②

(2) 观察笔记的撰写方法

请阅读以下观察笔记案例,并对照右侧各部分的填写说明了解观察笔记的撰写方法。

表 6-1　观察笔记案例

观察记录表				观察记录表填写说明
观察对象	牛牛(小班)	观察者	刘舒娟	观察笔记具有较固定的格式。包括观察时间、地点、对象、目的、过程(即实录)、分析、措施几个基本环节。
观察时间	2012年10月9	观察地点	教室活动区	
观察目的	通过牛牛在活动区的表现了解牛牛的发展情况			观察目的要具体、明确,指向性强。
观察记录	下午6点钟是幼儿自选游戏的时间,牛牛跑去画画,他用手掌抓着笔,用笔的姿势不太准确,但是他很简练几笔就画好了他的画,他说他画的是坦克,一会他又向我介绍他的这辆坦克叫"4+2"坦克,过了一会他又在纸张的右上角写上了"ACUC",而且准确地念出了这几个英文字母,又过了一会他又写了个"10",说他的坦克是10万块钱才能买到的,过了一会他又加了个钩钩,告诉我画的是吊车,我问他,还知道哪些车,他说有汽车、挖掘机……			观察过程(实录)主要指对幼儿直觉的、原样的、不加任何操作的自然状态下的观察记录。
分析	从绘画的发展阶段看,小班初期的幼儿处于绘画的涂鸦期,但是牛牛已经到了形象期;从动作发展上来看,可以看到牛牛用手掌握笔是小班初期孩子典型的握笔姿势;从认知发展来看,牛牛已经能够进行一些简单的书写,经过和教师的交流知道了牛牛的父亲是小学的校长,家长非常注重对牛牛的教育;从幼儿的兴趣来看,牛牛对汽车很感兴趣,对于吊车的典型的结构特点有一定的认识(有一个钩钩)。			分析是根据观察实录,对幼儿行为的性质、需要等做出正确判断,得出结论。即对其某种行为进行归因分析,从家庭、社会因素及成长经历、身心特点等,并结合有关幼教理论寻找原因,把握其个性特征、内在需要与动机,从而确立相应施教措施。

---

① 刘秀华. 教师观察笔记现状及改进对策[J]. 武汉市教育科学研究院学报,2006.
② 刘秀华. 教师观察笔记现状及改进对策[J]. 武汉市教育科学研究院学报,2006.

续 表

	观察记录表	观察记录表填写说明
措施	根据牛牛的绘画发展,可以进一步引导牛牛用绘画表达自己感兴趣的东西;从动作来看,我们应该尊重这个阶段儿童的年龄特点,给牛牛提供蜡笔等适合抓握的作画工具;从认知发展来看,可以加强和家长的沟通,但是要注重儿童情绪情感的体验;根据牛牛的兴趣,可以相应地从汽车的外观逐渐过渡到对汽车结构、结构与功能的认识上。	依据分析得出的原因,针对分析的原因确立相对应的措施,措施要是具体可行的。

相关链接

观察笔记撰写的注意事项

※ 注重一日生活中的观察记录

不要只注重集体教育活动,轻游戏及自选活动,加深对"一日生活每个环节都是教育"理念的理解,注重在一日生活的各个环节进行观察记录。

※ 重视运用教育理论作归因分析

教师要较客观、准确地从幼儿言行捕捉其个性特征,洞察其内心世界,探明其内部需要、动机与最近发展区,确立切实有效的措施。应准确把握其心理需求与动机,不要简单将幼儿的某些行为认定为"坏习惯"。

※ 重视观察记录的客观性与科学性

不需要在措施效能上过于追求完美而使得措施的结果"失真",追求施教措施有立竿见影之功效,忽略了婴幼儿发展的阶段性与顺序性,失去了观察笔记力求客观、准确、科学的态度。

(3) 观察幼儿典型行为及个体差异

第一,用观察笔记观察幼儿典型行为。

第二,用观察笔记理解幼儿的个体差异。

任务窗

任务卡 6-1

观察一名幼儿在一日生活活动中的典型行为表现,撰写一篇观察笔记。

观察对象		观察者	
观察时间		观察地点	
观察目的			
观察记录			
分析			
措施			
成绩	满分	100	得分		教师签字	

任务卡 6-2

观察一名幼儿在区域游戏活动中的典型行为表现,撰写一篇观察笔记。

观察对象		观察者	
观察时间		观察地点	
观察目的			
观察记录			
分析			
措施			
成绩	满分	100	得分		教师签字	

任务卡 6-3

观察一名幼儿在综合主题活动中的典型行为表现,撰写一篇观察笔记。

观察对象		观察者	
观察时间		观察地点	
观察目的			
观察记录			
分析			
措施			
成绩	满分	100	得分		教师签字	

任务卡 6-4

观察一名幼儿在早期阅读活动中的典型行为表现,撰写一篇观察笔记。

观察对象		观察者	
观察时间		观察地点	
观察目的			
观察记录			
分析			
措施			
成绩	满分	100	得分		教师签字	

任务卡 6-5

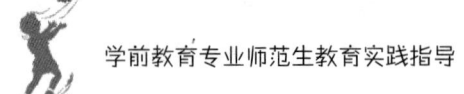

观察三名幼儿在一日活动中的典型行为表现,撰写一篇观察笔记。

观察者		观察对象 1	
观察对象 2		观察对象 3	
观察时间		观察地点	
观察目的	观察三名幼儿在一日活动中的典型行为表现,了解幼儿的个体差异性。		
观察记录			
分析			
措施			
成绩	满分	100	得分		教师签字	

任务卡 6-6

观察三名幼儿在区域游戏活动中的典型行为表现,撰写一篇观察笔记。

观察者		观察对象 1	
观察对象 2		观察对象 3	
观察时间		观察地点	
观察目的	观察三名幼儿在区域游戏活动中的典型行为表现,了解幼儿的个体差异性。		
观察记录			
分析			
措施			
成绩	满分	100	得分		教师签字	

任务卡 6-7

观察三名幼儿在综合主题活动中的典型行为表现,撰写一篇观察笔记。

观察者		观察对象 1	
观察对象 2		观察对象 3	
观察时间		观察地点	
观察目的	观察三名幼儿在综合主题活动中的典型行为表现,了解幼儿的个体差异性。		
观察记录			
分析			
措施			
成绩	满分	100	得分		教师签字	

任务卡 6-8

观察三名幼儿在早期阅读活动中的典型行为表现,撰写一篇观察笔记。

观察者		观察对象 1	
观察对象 2		观察对象 3	
观察时间		观察地点	
观察目的	观察三名幼儿在早期阅读中的典型行为表现,了解幼儿的个体差异性。		
观察记录			
分析			
措施			
成绩	满分	100	得分		教师签字	

2. 用成长档案袋评价幼儿[①]

(1) 成长档案袋的概念及价值

成长档案袋,即档案袋,又名"成长记录袋",是目前在学校班级中普遍使用的一种评价学生的方式,故和"成长档案袋评价"或"档案袋评定"的意思相同。从定义上看,它是由教师、学生等有目的有选择地收集能够反映学生在一定时期内学习过程与发展进步状况的真实资料,包括学生作品及学生的自我反思,也包括教师对学生学习的记录,比如月末小结、期末评语、学生上课表现和行为习惯的随笔记录等,同时还包括家长提供学生的基本情况、对学生在家庭中表现的汇报与反馈、家校联系册、家庭作业单等,并以文件形式呈现,用档案袋进行汇总与保存,以此来全方位地评价学生在成长过程中的真实能力水平和发展进步情况。从类型上看,成长档案袋一般分为过程型成长档案袋、成果型成长档案袋、目标型成长档案袋和展示型成长档案袋四类[②]。

幼儿成长档案袋作为质性评价的经典实现形式,它承认并尊重每个幼儿的差异性,充分展示幼儿的独特性,促进每个幼儿的全面发展。下面在实习期间,我们一起来完成一个幼儿的成长档案袋吧!

(2) 成长档案袋的制作方法及注意事项

第一,正确认识幼儿成长档案袋。

成长档案袋的理念:

- 幼儿是学习主体,应充分发挥幼儿的主动性。
- 真实记录幼儿的发展。
- 深入研究幼儿。
- 提高家长的参与热情。

第二,认真规划成长记录袋的内容框架。

[①] 田巍巍. 幼儿成长档案袋应用现状研究[D]. 辽宁师范大学,2018.
[②] 陈婷. 幼儿园随班就读儿童成长档案袋评价研究[D]. 云南师范大学,2020.

任务窗

任务卡 6-9　制作成长档案袋的封面

注意事项：

1. 一般包括幼儿的姓名、班级、时间等。
2. 可以由教师与幼儿一起完成，例如教师可以设计多种封面供幼儿选择或是教师与幼儿共同设计封面。
3. 可以将设计的封面贴在这里，也可以将打印的电子封面贴在这里。

任务卡 6-10 制作成长档案袋的目录

案例目录
××的个人情况介绍 ·· ×
××的发展情况检核表 ·· ×
   顶岗实习初（日期） ·· ×
   顶岗实习结束（日期） ·· ×
××成长档案集 ·· ×
   ××领域的学习与发展 ·· ×
      ×××× ···
   ××的作品集 ·· ×
      作品1：×××× ·· ×
      作品2：×××× ·· ×
   来自家长的观察记录 ·· ×

注意事项：

1. 用心设计各板块的内容，一般由教师完成。

2. 如果你暂时没有太好的想法，可以参考上面的例子。

3. 可以将设计的封面贴在这里，也可以将打印的电子封面贴在这里。

任务卡 6‑11　制作幼儿的个人情况介绍

注意事项：
1. 此部分可以包括幼儿的兴趣爱好。例如："我的爱好""我喜欢的动物""我喜欢的颜色""教师寄语""家长寄语"等。
2. 此部分内容可由教师、家长与幼儿合作完成。你可以去请你的主班老师帮忙。
3. 可以将内容贴在这里，也可以将打印的电子内容贴在这里。

任务卡 6-12　完成幼儿的发展行为检核表(实习初)

注意事项:
1. 有很多的工具对快速评价和记录幼儿在特定发展领域的能力颇有帮助,教师可以依据《3—6岁儿童学习与发展指南》,把不同年龄阶段的幼儿学习与发展目标和典型表现作为评价参考,再视各班幼儿的发展情况做调整,制定适合各班幼儿的发展行为检核表。
2. 可以直接使用你实习班级使用的行为检核表,如果学期初幼儿已经进行过了测查评价,你可以直接粘贴结果;如果没有,你可以请你的指导老师帮助你在实习之初就某一个幼儿进行测查。
3. 可以直接粘贴或者拍照粘贴在此处。

任务卡 6‑13　完成幼儿的发展行为检核表（实习结束时）

注意事项：

1. 同上表。
2. 幼儿已经进行过了测查评价，你可以直接粘贴结果，如果没有，你可以请你的指导老师帮助你在实习结束时就该幼儿进行测查。
3. 可以直接粘贴或者拍照粘贴在此处。

任务卡 6-14　完成幼儿成长档案集：××领域的学习与发展

注意事项：

1. 选择一个领域的目标作为深入观察的对象。
2. 可以从生活活动、区域游戏或学习活动中的某一个领域中各选择一个目标，在实习期间，只需要你选择一个小的领域即可，例如学习活动中的语言领域。

在实习过程中（实习初、实习中、临近实习结束），有目的、有计划地收集与该目的相关的资料。例如，作品文字记录、照片等。

3. 可以直接粘贴或者拍照粘贴在此处。

任务卡 6－15　完成幼儿成长档案集：幼儿作品（一）

幼儿对作品的阐述：

选择该作品的原因：

注意事项：
1. 选择一份该幼儿在你实习之初时的具有意义或者代表性的作品。
2. 可以直接粘贴幼儿作品（需要询问主班老师）或者拍照粘贴在此处。

任务卡 6-16　完成幼儿成长档案集:幼儿作品(二)

幼儿对作品的阐述:

选择该作品的原因:

注意事项:

1. 选择一份该幼儿在你实习中途时的具有意义或者代表性作品。
2. 可以直接粘贴幼儿作品(需要询问主班老师)或者拍照粘贴在此处。

任务卡 6-17 完成幼儿成长档案集:幼儿作品(三)

幼儿对作品的阐述:
选择该作品的原因:

注意事项:
1. 选择一份该幼儿在临近你实习结束时的具有意义或者代表性作品。
2. 可以直接粘贴幼儿作品(需要询问主班老师)或者拍照粘贴在此处。

任务卡 6-18　完成幼儿成长档案集:来自家长的观察与记录(一)

注意事项:

1. 请家长在你实习之初时提供幼儿在幼儿园以外的相关作品、记录或者照片。
2. 你可以请你的指导老师帮忙或者选择该幼儿家园联系手册中的内容。
3. 可以直接粘贴幼儿作品(需要询问主班老师)或者拍照粘贴在此处。

任务卡 6‐19 完成幼儿成长档案集:来自家长的观察与记录(二)

注意事项:
1. 请家长在你实习中途提供幼儿在幼儿园以外的相关作品、记录或者照片。
2. 你可以请你的指导老师帮忙或者选择该幼儿家园联系手册中的内容。
3. 可以直接粘贴幼儿作品(需要询问主班老师)或者拍照粘贴在此处。

任务卡 6-20　完成幼儿成长档案集:来自家长的观察与记录(三)

注意事项:
1. 请家长在临近你实习结束时提供幼儿在幼儿园以外的相关的作品、记录或者照片。
2. 你可以请你的指导老师帮忙或者选择该幼儿家园联系手册中的内容。
3. 可以直接粘贴幼儿作品(需要询问主班老师)或者拍照粘贴在此处。

（二）开展教育研究

1. 掌握教研的方法

学前教育研究过程一般由选择研究问题、查阅文献、研究设计、收集资料、整理分析资料、成果表达与评价六个环节组成。这六个环节又大致可分为三个阶段，即选择研究问题、实施研究并收集整理资料、成果表达和评价。可以在实习期间通过小组合作开展教育研究。

➡️ **任务窗**

任务卡 6-21　写下研究小组的成员

研究小组成员

（1）确定研究课题

问题的存在是研究课题产生的根本，从问题普遍性与涉及范围大小考虑，可以通过以下三个层面探讨问题的来源：一是关注幼儿园自身的保教问题，二是关注国内保教问题，三是关注世界性保教问题。一般而言，实习期间研究问题的来源主要是关注幼儿园自身的保教问题，可以是幼儿园自身发展中由来已久的困难与缺点，或者是幼儿园当前面临的突出问题，或幼儿园与教师自身的定位问题等。

➡️ **任务窗**

任务卡 6-22　写下你在幼儿园发现的十个问题

序号	问题
1	
2	
3	
4	

续 表

序号	问题
5	
6	
7	
8	
9	
10	
成绩	满分　100　得分　　　　教师签字

一个研究课题的形成最初经常是由一个问题提出来的,它是研究的焦点。但并不是所有的问题都是可以研究的,比如"我应该把孩子放到幼儿园吗?"一般而言,好的研究问题具有以下四个基本特征:

基本特征	基本内涵
研究问题是可行的	一个切实可行的问题就是可以利用现有的资源进行研究的问题。研究问题的现有资源包括研究者的主观条件与客观条件。 主观条件,例如研究者的研究能力、知识结构、技术水平…… 客观条件,例如研究资料是否充足、时间是否足够等。
研究问题是清楚的、明晰的	例如,"是否要为学习障碍的学前儿童开设特殊班级"是一个可以发展成研究的问题。
研究问题是有意义的、有价值的	研究问题是有意义的、有价值的。
研究问题是符合伦理、道德的	有一些在研究过程中不符合道德要求的行为:未经父母同意,询问敏感话题;未经培训而对幼儿进行智商测试并公布测试结果等。 在制定研究计划时,研究者有责任仔细评估道德的可接受性,除风险最小的研究,所有研究研究者均与他们达成明确的协议。
研究问题的新颖性、创新性	研究问题具有一定的创新性。

任务窗

任务卡 6-23 判断问题是否是一个好的研究问题

请根据"可行性""清楚明晰""有意义""符合伦理"四个标准来判断你上述提到的十个问题,在符合的性质下打"√"。

序号	可行性	清楚明晰	有意义	符合伦理
1				
2				
3				
4				
5				
6				
7				
8				
9				
10				

经过判断,请在下面写下你觉得比较好的三个问题

小组合作讨论,确定一个研究问题

建议:来源于实际案例中,并能通过保教实践研究与支持幼儿的问题更方便操作。

成绩	满分	100	得分		教师签字	

（2）进行文献检索

对一项理想的研究而言，文献检索是一项重要的基础工作。文献检索的过程中，研究者首先要明确课题研究的方向和要求，其次，确定检索工具的检索标志，再次，确定检索的途径和方法，最后，根据检索线索，找到相关的文献。

▶ 任务窗

任务卡 6－24　根据你确定的问题进行检索

检索步骤	内容
1. 确定选择检索平台（如果没有常见的学术平台账号的话，可以选择百度学术 https://xueshu.baidu.com/）	
2. 确定检索关键词	
3. 从中选择三篇文献 引文格式如下： 田巍巍.幼儿成长档案袋应用现状研究[D].辽宁师范大学,2018.	
4. 抄写这三篇文章的摘要	
成绩	满分	100	得分		教师签字	

（3）组织一次访谈

在确定了研究问题并且进行了相关文献的阅读后，小组需要确定合适的研究方法。观察和访谈是幼儿园比较常见的科研方法，作为幼儿园教师有必要掌握，在接下来的第二部分有专门的撰写教育观察笔记，在这一部分主要想让研究小组掌握访谈方法的设计与实施。

第一，确定研究的意义。

访谈设计的首要一步应明确访谈研究的目的，并将其进一步具体化，在进行访谈设计时，首先需要将一个比较笼统的研究目的和问题变为一个比较具体的限定的研究目的和问题。你的访谈可以是针对幼儿的访谈，也可以是针对教师的访谈，或者是针对家长的访谈。

任务窗

任务卡 6-25　从上述的研究问题中选择一个适合访谈的问题

第二，确定具体的访谈对象。

访谈的形式有许多种，每一种各有自己的优点和不足，通常研究者可根据访谈研究的具体问题和目的，来选择适合访谈方式。

任务窗

任务卡 6-26　确定访谈方式和访谈对象

访谈方式		
（在你选择的访谈方式上画上√）		
封闭式访谈	半封闭式访谈	开放式访谈

访谈对象				
序号	姓名	性别	年龄	基本信息
1				
2				
3				
4				
5				
6				

第三，访谈问题的设计。

在访谈研究中，研究者必须事先根据研究的要求对访谈中要提出的问题进行设计，以保证访谈者能准确高效地收集到研究所选需要的各种资料。

对要访谈的问题进行表述时，应注意以下几个问题：

> ➢访谈问题应清楚明确，不含糊，不能模棱两可；
> ➢问题的文字表达要适合访谈对象的文化程度和知识经验水平，避免使用专业术语；
> ➢不要向受访者提出不能回答的问题；
> ➢对某些需要做出解释说明的问题，应制定统一的解释说明方式及说明范围内容；
> ➢在谈话时不要使用暗示性的措辞；
> ➢应避免使用容易引起社会性误差的问题，例如，你认为自己是一个虚伪的人吗？

任务窗

任务卡 6-27　小组讨论，列出访谈提纲

第四，做好访谈前的准备工作。

做好访谈前的准备工作，是保证访谈成功的前提。访谈前，研究者要充分熟悉访谈的内容和程序，准备好访谈所需的相关材料和设备，尽可能地了解访谈对象，确定访谈时间和地点。

→ 任务窗

任务卡 6-28　做好访谈前的准备工作

充分熟悉访谈的内容和程序	是/否
准备好访谈所需的相关材料和设备（列出访谈所需要的材料清单）	
做好小组各成员在访谈时的分工	
尽可能地了解访谈对象	
访谈时间		访谈地点	
成绩	满分	100	得分		教师签字	

第五，进行访谈。

提问：

- 尽可能按照访谈设计的问题顺序提问；
- 提问口气委婉从容；
- 注意观察被访者的非语言行为。

倾听：
- 有兴趣地倾听被访者的谈话，鼓励其充分地表明自己的观点，不轻易打断；
- 设法理解深层含义；
- 积极主动有感情地与对方交往，从而对共同关心的问题达到深入的、建设性的探讨。

回应：
- 回应的方式多种，包括体态语（点头、微笑）、口语等；
- 访谈者回应时，避免高谈阔论；
- 注意回应时机的恰当行。

记录：
- 访谈过程中的记录包括笔录和录音机录；
- 访谈前，应向受访者说明谈话的意义和目的，保证保密，如果需要录音需要说明；
- 应尽可能详细记录；
- 访谈结束后应能够尽快整理访谈记录。

任务窗

任务卡 6-29　做访谈记录

问题	受访者的回答	表情、神态等其他回应
1		
2		
3		
4		
5		
……		
成绩	满分　100　得分	教师签字

第六,访谈后数据的处理与结论的得出。

任务窗

任务卡 6-30　进行访谈数据的处理并简单归纳得出结论

小组成员分析讨论,归纳得出针对研究问题的结论						
成绩	满分	100	得分		教师签字	

2. 撰写教育叙事

(1) 教育叙事的概念及价值

教师在具体的教学活动中,通过教育叙事的方法,能够发现生活中真实故事的内涵,可随后结合当下的教育理论不断深化教育意义。教育叙事要采用真实的故事,还要具备真实性、情节性的特点。教师在该环节充当的是叙述者,要解释故事中蕴含的道理,让故事的感染力得到进一步提升。可以说,教育叙事对教师来说有非常重要的意义,是强化教师自身专业素质的重要手段。[①]

教育经验的表达形式是多样的,包含概念化表达及叙事化表达两种模式。目前,我国教育的概念化表达多停留在教育经验这一层面上,对其依托的事实重视不够。此外,很多教师在教育实践中迸发出来的灵感都是短暂存在的,还有不可重复性的特征。因此,教师在日常教学过程中可以采用叙事化方式及时记录自己的想法,在通过实践验证后,形成相关的教学经验,提升自己的教学水平。

(2) 教育叙事的撰写方法及注意事项

① 开展教育叙事的过程及方法

开展教育叙事研究应遵守从"现场—现场文本—研究文本"的一般过程及方法。

首先深度详细描述教育事件/问题;利用相应理论分析教育事件/问题;对教育事件/问题进行深刻反思。例如案例1《有爱的花朵更鲜艳》中抓住"作为一名班主任,应该如何

---

① 白芳.教育叙事成为教师成长内驱力的研究[J].科学咨询(教育科研),2020.

关爱留守儿童,尽可能地转化这其中的问题学生?"这个问题,并对这个问题进行了分析,在此基础上总结出了相应的策略。下文中的案例2也是围绕小旭在一日活动中的不同表现解读其行为,对并自己的教育行为进行了反思——对孩子耐心些!

案例1　　　　　　　有爱的花朵更鲜艳[①]

李永芳

随着城市化进程的加快,大批的农村劳动力背井离乡到他乡就业,被留下来的孩子们常年与父母分离,缺少父母的关爱,从此被冠以特殊的称谓——留守儿童。在他们的身上暴露出许多的问题,比如学习上的、心理上的,因此他们在学生群体中又有了一个"称谓"——问题学生。

作为一名班主任,应该如何关爱留守儿童,尽可能地转化这其中的问题学生?这便成为我们教育工作中应该常抓不懈的任务。今天我就结合自己的工作经历,与大家共同来探讨这个问题。

一、了解情况,甄别问题学生

留守儿童虽多,有问题的毕竟并不多。我们首要做的工作就是配合学校摸清本班留守儿童的基本情况,并为每个留守儿童建立了动态的专门的档案。通过这种方式,有效建立起学生家长与老师之间方便的沟通渠道,形成以学生为中心的关爱联系网络。在此基础上,根据平时学生在校的学习活动来确定其是否为问题学生,是学习问题,还是心理问题,然后来制定相应的措施。

二、用心关爱,建立师生情谊

许多教育家都指出,没有对学生的爱,就不会有真正的教育。爱是教育学生的前提,在班主任工作中应把爱放在重中之重的位置。对留守儿童来说,他们更缺少爱,更渴望得到老师、同学、社会的关注。因此,作为班主任要在平时多加关注,努力从生活上、学习上给他们无微不至的爱,从小事上、细节上多关心他们。时刻关注他们的思想变化,及时沟通。针对留守儿童最缺乏的就是亲情关爱,在日常的班主任工作中,把留守儿童当成自己的孩子,注重从平时生活细节、亲情体验、心理教育等各个方面加强教育引导,力争让留守儿童找回亲情,找回快乐,健康成长。比如说,早上到校,他们问候我的时候,我也会问问他们,吃早饭了没有,吃的什么?谁送来的?走路来的还是坐车来的?虽然看起来都是些没营养的闲言碎语,但是很容易拉近我和孩子们的距离。有时我会顺手帮他们整理衣领,端正红领巾,还告诉他们出门前要照镜子,要学会整理自己的仪表,每个人都喜欢干净整洁的孩子等。我觉得,只要你真正的从爱的角度这样说,这样做的,孩子们就会打心眼里接受你,接受你传授的知识,无论是学习方面的还是做人方面的。

三、针对问题,制定相应措施

经过一段时间的观察和了解,在熟悉了问题儿童的情况,并且通过日常的相处与问题儿童建立感情后,针对其不同的问题要制定出相应的转化措施。

---

① 李永芳.教育叙事——有爱的花朵更鲜艳[A].教育部基础教育课程改革研究中心.2019年"教育教学创新研究"高峰论坛论文集[C].教育部基础教育课程改革研究中心:教育部基础教育课程改革研究中心,2019.

1. 学习问题。学生学习差，原因大多为没兴趣、学习习惯不好，还有就是智力因素。再加上留守儿童的临时监护人没知识、没能力，不能给孩子相应的学习辅导，也不能配合老师做好孩子课后的学习辅导，因而导致孩子学习成绩不高。我的办法是：

（1）首先提高自身的知识素养。尽可能地将枯燥的知识趣味化、抽象的知识形象化、复杂的知识简单化。用自己对于语文知识的热爱感染学生，慢慢地激发他们的兴趣，引导他们爱上语文。

（2）其次在课堂上对这些孩子予以高度重视。课堂教学中，我们会设计各种各样的问题，在基于对问题儿童了解的基础上，我会把那些适合他们回答的问题留给他们。并且给予恰当的评价与鼓励，树立其信心，让他们能获得荣誉感与满足感。

（3）另外对课后的作业分层要求。他们能完成的，我会严格要求，并在批改后添加恰当的批语和分数，尤其是当他们的作业完成质量较高时，我更会当面鼓励，当众表扬并提出希望。如果碰上有些作业，我认为超出他们的能力，监护人也没办法帮助其完成时，我会指定班上的优等生陪他一起完成。而且尽量选择在校内，不让其把问题带回家。时间长了，他们的作业不再拖欠，监护人也不会因为孩子的作业问题被迫到学校接受老师的再教育。大家都轻松了，慢慢地，孩子的成绩也就起来了。

2. 心理问题。留守儿童中最常见的心理问题大致是抑郁、焦虑和挫折。

（1）心理有问题的孩子大多会呈现出一种异常的精神状态。有的表现为持久的心境低落，有的则焦躁、易怒，经常跟其他学生发生矛盾。这类孩子要么是常常坐在那里一句话也不说，在班上默默无闻，很容易就被人忽视了。课堂上，当你叫他们回答问题时，他们可能会一言不发，耽误你的时间，让你很恼火，课后他们也没有好朋友一起玩耍嬉戏，独来独往。在任何活动中总是作为一个旁观者而不是参与者。要么是一下课就去招惹其他的孩子，或者对于孩子们之间正常的接触与碰撞也不能容忍，不停地被告状。

（2）碰上这样的孩子，在课堂上，我会尽量用开火车的方式叫他们这一组的孩子来回答问题，当他淹没于这众多的孩子中时，他似乎有了安全感，也能按要求回答问题了。我还会给他们安排活泼，甚至稍微调皮的孩子做同桌，下课后还会鼓动其他的孩子去叫他们一起玩耍。因为孩子与孩子之间是最容易沟通，也最容易相互了解的。我会在通过他的同桌了解他的思想动向的基础上，与他们进行开诚布公的谈话。

那个时候，在我的眼里，他跟我是平等的。我聆听着他们诉说着对于父母的思念和抱怨，对于自己生活状态的不满，对于自己学习的担心等问题。站在他们的角度提出自己的看法和建议，并且帮他们制定切近的微小的目标，约定在目标完成后老师和父母将会给他的奖励。当你像朋友似的与他们玩耍，分享着他们内心的小秘密，并且遵守约定时，他们自然就会信服你的教育。

四、家校携手，形成教育合力

1. 家庭是孩子成长的摇篮，父母是孩子的第一任老师，培养全面发展的合格人才，家庭教育是基础。留守儿童的父母尽管远在外地，但对于孩子的教育责任却不可以推卸。因此我经常利用一切机会与家长沟通交流，在孩子的教育问题上达成共识；并利用开学报到、学校定期召开的家长会等形式，对家长进行合理的、有效的培训，让家长明白并且学会科学地、正确地教育孩子的方式。

2. 留守儿童,是一个沉重的话题,留守儿童中的问题学生,更需要我们全社会的关心。对他们做我们力所能及的事,为留守儿童支撑起一片蔚蓝的天空,让他们不因留守而误入歧途,让他们不因留守而被剥夺原本属于他们的欢乐,让他们不因留守而发生令人遗憾的悲剧,是作为班主任和所有老师的责任与义务。其实作为小学老师,在对待这类孩子的教育上是很占优势的。因为我们面对的孩子年龄都小,即使有毛病、有问题,也大多才属于萌芽状态,还没有形成顽疾,只要我们早发现、早纠正,转化的成功率还是很大的。

每一个孩子,都是一朵小花,他们本来应该享受着父母的关爱,茁壮成长。可惜这些留守儿童因为缺少了这份爱,即将枯萎、凋谢。愿我们每一个老师都能正视这个问题,重视这个问题,共同关爱留守儿童,坚持用爱心、耐心,去帮助他们走出心理的阴影,丢弃背负的问题,像其他孩子一样健康快乐地成长,像其他花朵那样,在爱的沐浴下开得更加鲜艳亮丽。

我们选择的教育事件的主题可以是教育观念、教育活动或者教育对象。

教育理念包括教育观、儿童观、教学观;教育活动包括集体教学活动、游戏活动、生活活动。比如上文的案例1中教育事件的主题是教育观念和策略,而下文的案例2则指向教育对象。

案例2　　　　　　对孩子再耐心些(节选)

小旭是我们班个头最高的小朋友,腼腆的外表下却有一颗躁动的心。他总是能想出很多办法来带领班里的小男孩玩,比如拉着其他小朋友在地板上滑、在厕所里和小朋友打闹、揪一下小女孩的头发、打一下别人的屁股。虽说是大错不犯,但也小错不断,有时候还无端地惹出一些是非,让人哭笑不得。

今天吃过午饭,孩子们都坐在椅子上看书,我却看到刚从卫生间出来的小旭小朋友一瘸一拐地出来了,他的脚好像被扭到了,手就放在胸前耷拉着,还时不时地翻翻白眼。一看这种情形,我就知道这个古怪的小调皮心里又出歪点子了:他在学心智不正常的人走路。于是,我给了他一个提醒的眼神,他也注意到自己的错误行为,马上默默地回到了自己的座位上。

午休起床时,其他孩子都在喝水。忽然,建构区传来了一阵哄笑,大家指着小旭大喊着:傻瓜来啦、傻瓜来啦。还有几个小男孩感觉好玩,用同样的方式走在他后边。这时候小旭的表情由开始被嘲笑时的尴尬转变成被模仿、被关注时的得意,好像自己是个大明星。看来,自己之前的眼神提醒已经不管用,而且孩子们已经在模仿,如果再不及时制止,这种坏毛病很快就会影响更多的孩子。

② 撰写教育叙事的注意事项[①]

第一,教育叙事应该具有真实性。

任何研究都应该建立在真实的事件之上,真实性是教育叙事研究的一个重要的特点,虚构和抄袭只会让教育叙事研究失去了研究的意义。案例1和案例2首先要建立在教师个人真实的经验上。

[①] 王艳萍.幼儿园教师教育叙事研究的现状调查与对策探讨[D].福建师范大学,2018.

第二,教育叙事应该具有生活性。

教育叙事应该是接"地气"的,案例1中的与问题学生沟通和交流的方法主要是对自己班主任工作的选择,案例2中描述的更是对儿童的一日观察。

第三,教育叙事应该具有归纳性、反思性。

教育叙事作为一种反思的方式,不应该仅仅满足于描述事件,还应该具有一定的归纳性与反思性,案例1中对于班主任教育策略的归纳,案例2中对于儿童行为和自己教育观的反思都体现了归纳性和反思性。

第四,教育叙事应该具有情节性。

教育叙事应该具有情节性,这一点在案例2中突出得比较明显。

第五,教育叙事应该具有实践性。

教育叙事是教师的生活经验,从教育叙事中提出的策略能够进行实践。

任务卡 6‑31　撰写一篇教育案例

成绩	满分	100	得分		教师签字	

(三) 做好情感管理

1. 情感管理的概念及价值

"情感管理",是对情感做必要的反思、评价,从而抑制消极情感,形成积极情感,使情感的表达符合一定情境的伦理要求。

教师的职业规定了教师的情感不能像普通情感那样可以随意表露,而是必须接受一定的情感规则的制约,必须体现出教师的理性与感性的统一。

如同任何人的情感一样,教师的情感也有积极与消极之分。积极的情感有高兴、快乐、满意、欢喜、热爱,等等;消极的情感则包括抑郁、悲伤、冷漠、厌恶、憎恨,等等。由于教师的工作具有示范性和权威性,所以教师的情感好恶将影响到学校或班级中的众多幼儿。因此,教师的情感管理必须尽量规避这种消极的情感,而发展自身的积极情感。

对于教师本人来说,情感管理有助于教师获得良好的心境和健康快乐的人生。对于幼儿来说,由于教师的情感具有迁移、感染、信号功能,所以教师情感管理的价值至少可以概括如下三个方面:其一,教师的情感管理是教师对自己的消极和极端情感的防范、抑制和消解,在教育工作中保持镇静,避免狂喜、狂怒或过度悲伤等极端情感的表露,这就避免了以恶劣的心境走进课堂,接触幼儿,避免了对幼儿愁眉苦脸、满腹牢骚甚至迁怒于幼儿的现象。这有利于转化和缓解教育中的矛盾和冲突,为幼儿创造一个积极、融洽、安全的学习环境。其二,教师的情感管理是教师遵循教育情感规则进行情感的自我调控过程,情感具有极强的感染性和渗透性,因而幼儿的积极情感也能够被有效地调动起来,这就有利于幼儿形成积极的学习态度,获得良性发展。其三,教师的情感管理是教师对自己情感的恰当矫正,有利于教师的情感表达符合教育伦理的要求。这样的情感表达往往可以带给幼儿恰当的信息反馈,使教师与幼儿之间的沟通交流更加积极有效,从而减少或消除幼儿在教育活动中心不在焉的消极状态,提高学习的信心和动力。[1]

2. 教师消极情感的管理

教师情感管理的一个重要方面是针对消极情感的。陈振华根据情感指向,将教师的消极情感分为两种:一种是某种原因造成的教师的消极体验和感受,是指向教师内心的消极情感,如过度焦虑、郁闷、愤怒。另一种是教师个人发出的消极情感,指向学生、学校和教育事业,给人一种消极的感受,如冷漠、轻视、歧视。

对消极情感的管理就是通过对消极情感的反省、评价和矫饰,从而最大限度地消解消极情感及其带来的不良影响。为此,教师就要深刻认识到这种消极的情感体验产生的根源与影响,并采取恰当的方式,合理调控不利于教育目标实现的、不合乎教育情境和伦理要求的情感;限制个人消极情感的随意表露;避免为外界特别是学生的消极情感所左右。

首先要对消极情感进行反省和评价,接着对消极情感进行管理。

可以通过认识的转换和恰当的表达与消解两种基本方式来对消极情感进行管理。

一是认识的转换。任何情感体验都与一定的认识观念相关,比如失去某个机会可能会

---

[1] 陈振华. 教师情感管理的意义与方式[J]. 教育科学, 2013.

感到痛苦,但想想"塞翁失马"的启示,也许可以得到自我安慰,内心趋向平静;一次不太成功的公开课可能带来烦恼,但想想"失败是成功之母"的箴言,也许可以重拾信心,走向未来。

二是消极情感的恰当表达和消解。情感心理学家认为,情感表达可以分为私下表达与公开表达。其中,私下表达包括内心体味情感,自我陶醉与忍受痛苦,或避开他人的自我发泄等;公开表达即向他人流露,旨在使他人知晓或分享。恰当的情感表达就是用合适的表达方式使消极情感宣泄出来,从而减轻内心的痛楚。这涉及两个方面,一是选择合适的宣泄渠道,包括语言宣泄,比如找人倾诉,可以向知心朋友说说自己的感受;书写,可以把烦恼和痛恨写出来;表情宣泄,比如大声呼喊,放声大哭;动作宣泄,可以通过剧烈的运动把内心的压力和能量释放出来。[①]

(1) 常见的消极情绪——愤怒

① 愤怒的反省评价

- 愤怒是个体受刺激后异常激动的情绪状态
- 愤怒是本能的,具有原始性的情绪
- 愤怒是急速而又轻率的情绪
- 愤怒是受到威胁后的反应
- 愤怒具有一定的破坏性

② 愤怒应对办法

- 认知重构
- 社会技能训练
- 学习将挫折事件与不相干的人区分开来
- 冷处理
- 在极度愤怒的情况下离开现场
- 学习放弃引发愤怒的不现实目标
- 及时发现别人的愤怒伤害

(2) 常见的消极情绪——恐惧

① 恐惧的反省评价

- 恐惧是直接针对一种特定事物的害怕、紧张的体验
- 恐惧是面对"危险物"的一种强烈反应
- 恐惧激活交感神经系统
- 恐惧是后天习得的

② 恐惧应对办法

恐惧是生活中非常常见的一种情感状态。刚刚开始我们的专业成长,面对幼儿、家长、新的工作可能都会出现恐惧,我们需要克服恐惧,促进我们自身的专业成长。

第一,改变消极的认知模式。

---

① 陈振华. 教师情感管理的意义与方式[J]. 教育科学,2013.

例如,刚入职我们需要去参加公开课的活动,我们头脑中会冒出很多消极的想法。

- 但愿我可以不参加这次公开课。
- 我的表现力不够好。
- 参加公开课,我很紧张。
- 我的活动会开展的不好。

这时候,我们就应该用积极的念头去应对,来改变我们的认知模式,例如

- 这次公开课是个积极表达的机会,让我作为实习教师得到经验。
- 没有人是完美的,但每一次我都会进步。
- 谁都会紧张,如果其他人能处理好此事,我也一定能。
- 我已经为这次活动做了充分的准备,他们当然会感兴趣的。

在应对恐惧的时候要强调自己的优点,回顾成功的经历,忽略那些失败的经历。

任务窗

任务卡 6-32　用改变认知模式的方式消除恐惧

写下你最近在实习工作中让你恐惧的事情(如果有的话)	
仔细地审视自己,让你恐惧的原因是什么?	想一想你的这些消极认知里积极的一面,去克服你的恐惧。

第二，做好预演。

上公开课的紧张主要集中在即将登台或者刚开始活动的时候，只要度过了开始，恐惧和焦虑就会大幅下降，把公开课的开始准备好，一旦度过了开始的紧张，就会进入放松状态了。可以用多练习来克服。

(3) 常见的消极情绪——焦虑

① 焦虑的反省评价

> 焦虑是一种紧张害怕的情绪。
> 焦虑让人感到紧张不安、烦恼、惧怕和担心。
> 焦虑中担心和害怕的对象是隐身的，这一点和恐惧不同。
> 焦虑是压力的反应。
> 焦虑具有破坏性：效率下降、高估危险、低估自己的应对能力。
> 有灾难临头的思维。

② 焦虑的应对办法

> 认识到焦虑也有积极意义，它使得人对潜在的危险保持警惕，这是进化过程中赋予人类的本能。
> 调整焦虑的认知模式。
> 改变绝对化的认知模式。
> 承认自己体验到的压力。
> 绝大多数忧虑是我们想象出来的，有一项调查，我们忧虑的事情中，有40%从未发生过，30%是忧虑曾经发生的事情，12%担忧别人的看法，10%担忧无关紧要的事情，8%是真正重要的事情，但是其中有一半我们没有办法改变，96%的事情不必要去忧虑。
> 改变不合理的信念。

(4) 常见的消极情绪——抑郁

① 抑郁的反省评价

> 抑郁就是感到难过、无望、悲观，觉得人生没有什么意思，加上情绪低落。
> 抑郁时长期压抑负面情绪的结果，是自己跟自己过不去，是大脑缺乏某种化学物质。
> 抑郁具有破坏性：效率下降、生活质量下降、痛苦甚至自杀。

任务窗

任务卡 6-33　了解自己是否有抑郁倾向（如果你怀疑的话）

SDS 抑郁症自测量表

说明：根据你最近一个星期的实际情况在适当的方格里面点击鼠标进行选择。

A. 没有或很少时间（过去一周内，出现这类情况的日子不超过一天）；
B. 小部分时间（过去一周内，有1～2天有过这类情况）
C. 相当多时间（过去一周内，3～4天有过这类情况）
D. 绝大部分或全部时间（过去一周内，有5～7天有过这类情况）

SAS

问题	A 没有或 很少时间	B 小部分 时间	C 相当多 时间	D 绝大部分 或 全部时间
1. 我觉得闷闷不乐,情绪低沉				
2. 我觉得不安而平静不下来				
3. 我一阵阵地哭出来或是想哭				
4. 我晚上睡眠不好				
5. 我比平常容易激动				
6. 我认为如果我死了别人会生活得更好些				
7. 我发觉我的体重在下降				
8. 我有便秘的苦恼				
9. 我心跳比平时快				
10. 我无缘无故感到疲乏				
11. 我的头脑和平时一样清楚				
12. 我觉得经常做的事情并没有困难				
13. 我觉得一天之中早晨最好				
14. 我对将来抱有希望				
15. 我吃的和平时一样多				
16. 我觉得做出决定是容易的				
17. 我觉得自己是个有用的人,有人需要我				
18. 我的生活过得很有意思				
19. 我与异性接触时和以往一样感到愉快				
20. 平常感兴趣的事我仍然照样感兴趣				

SDS 总得分的正常上限为 41 分,分值越低状态越好。标准分为总得分乘以 1.25 后所得的整数部分。我国以 SDS 标准分≥50 为有抑郁症状。

分值的结果。

问题	A 没有或 很少时间	B 小部分 时间	C 相当多 时间	D 绝大部分 或 全部时间
1. 我觉得闷闷不乐,情绪低沉	1	2	3	4
2. 我觉得不安而平静不下来	1	2	3	4
3. 我一阵阵地哭出来或是想哭	1	2	3	4
4. 我晚上睡眠不好	1	2	3	4
5. 我比平常容易激动	1	2	3	4
6. 我认为如果我死了别人会生活得更好些	1	2	3	4
7. 我发觉我的体重在下降	1	2	3	4
8. 我有便秘的苦恼	1	2	3	4
9. 我心跳比平时快	1	2	3	4
10. 我无缘无故感到疲乏	1	2	3	4
11. 我的头脑和平时一样清楚	1	2	3	4
12. 我觉得经常做的事情并没有困难	4	3	2	1
13. 我觉得一天之中早晨最好	4	3	2	1
14. 我对将来抱有希望	4	3	2	1
15. 我吃的和平时一样多	4	3	2	1
16. 我觉得做出决定是容易的	4	3	2	1
17. 我觉得自己是个有用的人,有人需要我	4	3	2	1
18. 我的生活过得很有意思	4	3	2	1
19. 我与异性接触时和以往一样感到愉快	4	3	2	1
20. 平常感兴趣的事我仍然照样感兴趣	4	3	2	1

② 抑郁的应对办法

> 了解抑郁的根源。抑郁一般和"丧失"有关,例如丧失了读书时候的优越感。
> 加强体育运动和锻炼。运动有利于降低抑郁,有实验研究跑步20分钟,大脑会分泌内啡肽。
> 寻找生命的意义。推荐阅读《寻找生命的意义》。
> 通过创造来抵抗抑郁。

3. 教师积极情感的管理

教师的积极情感也存在一个管理问题,积极情感需要的是发展和促进,以及通过理性加以调节。积极情感无疑是珍贵的,但自然生成的积极情感总是有限的、易于消失的,这就意味着积极情感需要加以管理、呵护和培育。除此之外,由于任何积极情感都有一定的界限,超过了界限就会产生"溺爱""捧杀""乐极生悲"之类的问题,所以,即使是积极的情感也是需要加以管理和培育的。

第一,自觉升华个人情感。教师个人情感的升华包括两种情况:一是变"小爱"为"大爱"。教师如同任何普通人一样,都会在生活中形成一些积极的情感,比如对父母的爱、对子女的爱,这些爱当然是积极的人类情感。只是这种爱更多出自血缘关系,爱的范围也很小。但倘若教师能够扩大爱的对象,像爱家人一样去爱自己的学生、学校和教育事业,把这种爱升华为普遍的人类之爱,教师的心中就自然产生了积极的教育情感。二是变"好感"为"热爱"。增加爱的程度,本来只是一点点"好感",将爱升华,使之程度更深。

第二,保持积极的情感状态。人的积极情感与消极情感总是此消彼长,保持着积极情感状态是不容易的,需要主体不断努力。由于情感是受理性调节的,只有当主体在稳定的世界观、人生观和价值观的支配下,情感才能保持稳定状态。

第三,合理表达自己的积极情感。教师的情感表达一方面要合乎教师的角色身份,合乎社会对教师的期望和要求;另一方面要合乎教师交往对象的性别、年龄、身份等,以至动人而得体。

总而言之,通过尽力消解或避免消极情感的产生,同时升华个人的积极情感,保持积极愉悦的情感态度,展开合理的情感表达,教师们可以创造出更为和谐、温馨、友善的情感环境和教育环境,从而为教育教学活动的开展创造有利的情感条件,促进学生的全面发展。

第七部分 幼儿园教师专业成长与规划

情境导入→

武汉市东西湖区莲花湖幼儿园保教主任唐敏,2016年毕业于湖北幼儿师范高等专科学校学前教育专业,她曾在给学妹们的建议中写道:"一定要做未来规划,有清晰的目标!哪一年几月份考取哪些证书,一周画几幅画,学几首曲子,毕业后考编还是去民办幼儿园,什么时候评学科带头人、优秀青年教师,甚至高级职称。虽然做了规划也不一定不会有瓶颈期(因为人是在不断变化的,想想自己5年前喜欢的东西是不是都不一样了),但有个规划至少能让你在迷茫中有个东西可以抓住,有目标,才有动力,有方向。让你在幼儿园教师的专业化之路上走得更为长远。"

唐敏学姐在毕业五年之内就顺利考取事业单位编制,成为一名保教主任,她所强调的幼儿园教师专业化成长是什么呢?对于幼儿园新手教师而言,又该如何制定职业规划呢?

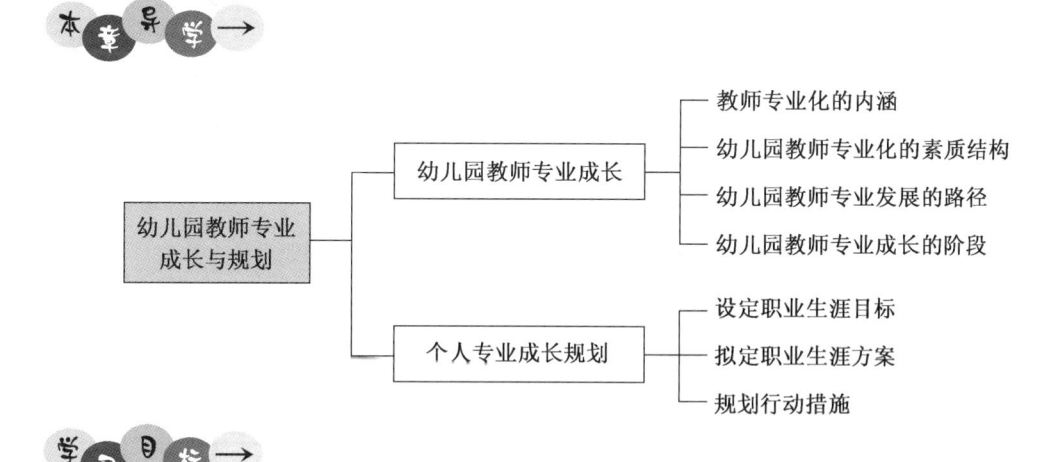

本章导学→

```
                              ┌─ 教师专业化的内涵
                              ├─ 幼儿园教师专业化的素质结构
              ┌─ 幼儿园教师专业成长 ─┤
              │               ├─ 幼儿园教师专业发展的路径
幼儿园教师专业 │               └─ 幼儿园教师专业成长的阶段
成长与规划 ───┤
              │               ┌─ 设定职业生涯目标
              └─ 个人专业成长规划 ─┼─ 拟定职业生涯方案
                              └─ 规划行动措施
```

学习目标→

1. 了解幼儿园教师专业化的内涵。
2. 了解幼儿园教师专业化的素质结构。
3. 熟悉幼儿园教师专业发展的路径和阶段。
4. 初步制定职业生涯规划。
5. 主动明确职业目标,对学前教育事业坚定信心。

一、幼儿园教师的专业成长

（一）教师专业化的内涵

学前教育是幼儿接受的最基本教育，可以为幼儿将来的生活和学习奠定必要的适应性基础，也是一个国家重要的教育发展战略的核心组成部分。因此，世界各国都非常重视学前教育的发展。而要提高幼儿园教师的教学质量和整体师资素质，就必然要求促进幼儿园教师的专业化发展。

所谓教师专业化，就是指教师按照工作岗位的需要，通过不断地学习与训练，获得学科专业知识与教育专业知识技能，实施专业自主，表现专业道德，逐步提高从教素质，取得相应的专业地位的过程。幼儿园教师专业化是指幼儿园教师通过不断的学习与训练，获得专业知识、专业技能和职业道德，逐步提高专业素质，取得相应专业地位的过程。提升幼儿园教师专业化水平是普及幼儿园教育和提高幼儿园教育质量的前提条件。教师的专业化发展是给幼儿提供一个丰富多彩的学习环境的前提，是培养幼儿社会技能和价值观的保证，也是幼儿终身学习的外部支撑条件。有学者把国内外的相关研究和2001年颁布的《幼儿园教育指导纲要（试行）》相结合，将幼儿园教师专业化总结为五个方面，分别是学科知识和专业知识、实践智慧、合作和反思能力、人文素养及批判理性。同时，2012年颁布的《幼儿园教师专业标准（试行）》从专业师德与理念、专业知识、专业能力三个维度为本，延伸出了十四个领域，对当代幼儿园教师应具备的专业素质提出了详细要求。

任务窗

任务卡 7-1　请根据自己的实际情况作答，了解你对于教师专业发展的理解

序号	下面哪种情况最符合你的想法呢？	自我评价（请选择最符合的一项打"√"）
一	对教师职业的性质和特点有初步了解，认为教师职业是各类社会职业中的一种。	
	教师职业就是根据自己掌握的保教知识，完成各项具体的教育教学工作。	
	能达到幼儿园规定的各项工作要求和工作规范。	
二	觉得教师职业比较特殊，有较强的专业性，要做一名优秀的幼儿教师需要系统学习教育教学理论知识和其他相关知识，在反复的实践中不断实现专业发展。	
	在与幼儿的交流中，有时也能体验到做教师的幸福感。	

续 表

序号	下面哪种情况最符合你的想法呢？	自我评价（请选择最符合的一项打"√"）
三	充分认识到幼儿教师职业有不可替代的历史使命和社会责任,具有坚定的专业精神,正在一步一步实践自己的职业理想。	
	在保教工作的每一个环节中都以幼儿为本,关注个性差异,尽量满足每个幼儿的发展需求。	
	钟爱教师职业,十分投入教育教学工作,善于学习,勤于思考。	
	在教育教学过程中体验到为幼儿成长服务的成就感。	
四	十分清楚幼儿教师是一个需要终身学习的职业,所以始终坚持专业学习,不断提升专业素质,学习已成为自身日常生活和工作的一种方式。	
	认为教师专业发展的最高境界是爱岗敬业、关爱幼儿,注重立德树人。	
	总是能根据幼儿的差异适时调整教育教学策略,促进幼儿全面发展。	
	充分享受工作带来的乐趣,认识到教师不仅是一份职业,更是一份事业和一份责任。	

温馨提示:如果你更接近"一",表示你尚未清楚地理解什么是教师专业发展,需要好好阅读学习本章内容哦;如果你更接近"二",表示你对教师专业发展有一些了解,但总体还不够;如果你更接近"三",表示你对于教师专业发展已经有了较好的理解,可以通过实践再去丰富自己的认识;如果你更接近"四",表示你对教师专业发展的理解是正确和全面的。学完本章内容,再来做一下这个测试吧。

(二) 幼儿园教师专业化的素质结构

幼儿园教师素质是指幼儿园教师在实施保育和教育教学活动中表现出来的、决定其教育、保育效果,对幼儿身心发展有直接而显著影响的所有品质的总和。幼儿园教师的素质结构是指个体教师素质在各个方面的构成状态。根据教育部 2012 年出台的《幼儿园教师专业标准(试行)》,我们将幼儿园教师的素质结构分为专业理念、专业知识和专业能力三个方面。

1. 专业理念

幼儿园教师专业理念方面,主要包括职业理解与认识、对幼儿的态度与行为、幼儿保育与教育的态度与行为、个人修养与行为五个方面。在职业理解与认识中,包括遵守国家教育方针、热爱学前教育事业、认同幼儿园教师的专业性和独特性、良好的职业道德修养、团队合作精神;对幼儿的态度与行为包括关爱幼儿、注重幼儿、信任幼儿、重视生活对幼儿健康成长的价值;幼儿保育与教育的态度与行为包括丰富幼儿直接经验、注重保教结合、注重保护幼儿好奇心、重视自身日常态度言行、重视环境和游戏对幼儿发展的独特作用、重视家园及社区合作；个人修养与行为包括富有爱心及责任、具有亲和力、善于自我调节情绪、勤于学习、言行举止规范文明。

→ **任务窗**

任务卡7－2 职业认同小测验[①]

请在最符合你情况的一项上打"√"，1代表非常不同意，5代表非常同意。

序号	项目	非常不同意	不同意	不确定	同意	非常同意
1	我喜欢和幼儿在一起	1	2	3	4	5
2	我很认真地学习专业课知识	1	2	3	4	5
3	在社交方面，我常常因为自己将来是幼儿园教师感到自豪	1	2	3	4	5
4	我希望自己在幼教行业有所成就	1	2	3	4	5
5	我相信自己能成为一名合格的幼儿园教师	1	2	3	4	5
6	我愿意虚心向优秀幼儿园教师学习	1	2	3	4	5
7	毕业以后若有其他职业选择的机会，我依然会选择做幼儿教师	1	2	3	4	5
8	我具有爱的能力，发自内心尊重每一位幼儿	1	2	3	4	5
9	我觉得自己可以胜任未来的幼儿园教师工作	1	2	3	4	5
10	孩子健康快乐成长是我未来工作的目标	1	2	3	4	5
11	无论别人如何反对我以后做幼儿园教师，我都会坚持到底	1	2	3	4	5
12	当幼儿园教师能实现我的人生价值	1	2	3	4	5
13	做幼师能使我过上理想的生活	1	2	3	4	5
14	我认为幼师行业是社会分工中最重要的职业之一	1	2	3	4	5
15	我认为学前教育学和学前心理学的知识对培养幼师很重要	1	2	3	4	5
16	当别人赞美幼儿园教师时，我很欣慰	1	2	3	4	5
17	即使幼教工作再辛苦，我仍想从事幼儿教育事业	1	2	3	4	5
18	我刻苦练习弹琴、绘画、舞蹈、唱歌等基本技能	1	2	3	4	5
19	我会留意观察幼儿教育的新动向	1	2	3	4	5
20	我会努力解决学习上遇到的困难	1	2	3	4	5
21	我会在幼教行业干一辈子	1	2	3	4	5
22	我同意幼儿园教师是幼儿学习的支持者、引导者、合作者	1	2	3	4	5
	合计					
	总分					

汇总测验结果：以上22道问题，包含了你对于幼儿园教师职业意志、职业期望、职业认知、职业行为和职业情感五个方面的认同情况，如果你的总分高于88分，代表你对这份工作具有非常浓厚的兴趣，充满憧憬；总分在66~88分之间，代表你对这份工作较为感兴趣，但是可能有些因素影响了你；总分在44~66分之间，代表对于这份工作还犹豫不决或者是缺乏兴趣；总分低于44分以下，说明对于幼儿园教师的工作缺乏兴趣和诚意。

[①] 聂永贺.学前教育专业学生教师职业认同及影响因素研究[D].沈阳师范大学，2019.

2. 专业知识

幼儿园教师专业知识方面,包括幼儿发展知识、幼儿保育和教育知识、通识性知识。幼儿园教师的幼儿发展知识包括对幼儿有关法律法规及政策规定的了解与掌握,掌握促进幼儿全面发展的策略与方法,了解幼儿的个体差异,掌握对应的策略与方法,了解幼儿发展中容易出现的问题与适宜的对策,了解有特殊需要幼儿的身心发展特点及教育策略与方法五个方面;幼儿保育与教育知识包括熟悉幼儿园教育的规范、掌握日常保育与教育和班级管理的知识与方法、掌握幼儿安全防护与救助的基本方法、掌握观察、谈话等了解幼儿的基本方法、了解0~3岁婴幼儿保教和幼小衔接的有关知识与基本方法五个方面;通识性知识包括具有一定的自然科学和人文社会科学知识、了解中国教育基本情况、掌握幼儿园各领域教育的特点与基本知识、具有相应的艺术欣赏与表现知识、具有一定的现代信息技术知识五个方面。

3. 专业能力

幼儿园教师专业能力方面,包括环境的创设和利用、一日生活的组织与保育、游戏活动的支持与引导、教育活动的计划与实施、激励与评价、沟通和合作、反思与发展七个方面。幼儿园教师对环境的创设与利用包括建立良好的师幼关系、建立班级秩序与规则、创设有助于促进幼儿成长、学习、游戏的教育环境、合理利用资源四个方面;幼儿园教师的一日生活的组织与保育包括合理安排和组织一日生活的各个环节、科学照料幼儿日常生活、充分利用各种教育契机、有效保护幼儿四个方面;幼儿园教师的游戏活动的支持与引导包括提供符合幼儿兴趣需要、年龄特点和发展目标的游戏条件,充分利用与合理设计游戏活动空间,鼓励幼儿自主选择游戏内容、伙伴和材料,引导幼儿在游戏活动中获得身体、认知、语言和社会性等多方面的发展四个方面;幼儿园教师的教育活动的计划与实施包括制定阶段性的教育活动计划和具体活动方案,在教育活动中观察幼儿,在教育活动的设计和实施中体现趣味性、综合性和生活化,支持和促进幼儿主动学习四个方面;幼儿园教师的激励与评价包括关注幼儿日常表现,客观地、全面地了解和评价幼儿,有效运用评价结果三个方面;幼儿园教师的沟通与合作包括使用符合幼儿年龄特点的语言进行保教工作;善于倾听,和蔼可亲,与幼儿进行有效沟通;与同事合作交流,分享经验和资源,共同发展;与家长进行有效沟通合作,共同促进幼儿发展;协助幼儿园与社区建立合作互助的良好关系五个方面;幼儿园教师的反思与发展包括主动收集分析相关信息,不断进行反思,改进保教工作;针对保教工作中的现实需要与问题,进行探索和研究;制定专业发展规划,不断提高自身专业素质三个方面。

任务窗

任务卡 7-3 请写出你喜欢的某一个特级教师的主要特点和成绩

该教师的个人信息	（姓名、单位、职称）		
三个主要特点	1.	2.	3.
最重要的成绩			
ta 身上让你印象深刻的一件事			

温馨提示：你身边也许就有这样的特级幼儿园教师。当然，如果没有，你可以去图书馆查找有关幼儿园特级教师的书，也可以到网络上查找幼儿园特级教师的故事哦。

职场小故事

看见孩子是爱的开始
（上海市浦东新区南门幼儿园高级教师李洁的"职业幸福感"）

别人眼中孩子身上的一些状况在李洁看来却是他们的可爱之处，也是引导孩子成长的良好契机。一个孩子把玩具"大卸八块"，李洁没有批评他，而是让孩子们一起开动脑筋把玩具修好，她觉得"修的过程比原本简单的玩的过程更有趣"；一个孩子在其他孩子玩的时候捣乱，钻到隧道圈里扭来扭去，李洁拍下视频放给全班看，笑称"他在做杂技表演呢"；一些孩子容易生气打架，李洁专门找时间让孩子们表演打架，但要求"只对招式，不碰身体"，孩子们在武侠音乐中尽情表演，投入的动作和表情令人忍俊不禁……

谈到孩子们，李洁的眼睛总是亮晶晶的，"他们都太可爱了，太聪明了"。

这双眼睛善于发现每个孩子的闪光点，鼓励孩子们表达意见、表现自我。今年新冠疫情暴发后，每所学校都会布置一些防疫提醒标识。李洁的教室也不例外，但这些标识的设计、制作并非由老师一手包办，而是让孩子们也充分参与其中。比如，盥洗室的地上要贴出入两排小脚丫，李洁问孩子们"应该是什么颜色"，有孩子说"应该一排红、一排绿"，有孩子反对说"红色表示禁止，不能用"，还有孩子提议用橙色。李洁让全班投票，"红绿方案"胜出，但那个反对用红色的孩子坚决不同意，这时又有孩子想到一个好办法，"一排深绿、一排浅绿"。孩子们的创意时常让李洁感到惊喜，所以很多事情她都愿意放手让他们去思考、去尝试、去创造。

这双眼睛也时刻关注着每个孩子的需求点。有个女孩总是一个人玩，她其实很想融入集体，但缺乏自信。李洁帮助她搭建了一个"画室"，让擅长画画的她为同学甚至老师画像，沟通和交流就在一种轻松的氛围中自然发生了。

这双眼睛还密切留意着每个孩子的小状况。有个男孩在小班时表现很好，但从中班开始，对稍微有点难度的任务总有畏难情绪。李洁在一次角色游戏中，称赞这个装扮成幽灵的孩子是"幽灵专家"，肯定了他的努力和付出，增强了他战胜困难的动力和信心。

"希望李老师天天带全天班"，这是李洁班里孩子的共同愿望。李洁也非常享受和孩子们在一起的时光，"我太喜欢待在这个教室里了，特别是每年九、十月份的时候，窗外的桂花送来阵阵花香，一切都那么美好"。

任务窗

任务卡 7-4

你在实习中是否和上面故事中的李洁老师一样感受到了作为幼儿园教师的乐趣呢？请写下你感受到的幼儿园教师的职业幸福吧。

温馨提示：你感受的幼儿园教师的"职业幸福"也许是自己实习中的进步、指导老师的表扬，或是家长的理解与宽容，抑或是遇到的幼儿或者有趣的事情，只要让你感受到从事幼儿园教师这份职业的快乐都可以记录下来。

(三)幼儿园教师专业发展的路径

1. 学习

学习是教师专业成长中的永恒主题,在专业成长的过程中,学习是必不可少的。在适应期,由于身份刚刚发生转变,进入新的环境,新的工作岗位需要教师学习的知识和能力会更多,因此适应期的不断学习更是十分关键。自学、向他人学和向书本学是三种重要的学习方式。其中向有经验的教师进行观察学习是许多新手教师度过适应期的重要方式,实际上,观察学习不是简单的模仿学习,还存在两种特殊形态的观察学习,即抽象性观察学习和创造性观察学习。抽象性观察学习是指观察者在观察榜样所示范的某一具体行为表现过程中,获得有关这一行为的抽象规则或原理,并在相应的情景条件下以某种变化了的形式产生性地表现出这一行为。而创造性观察学习强调观察主体不会仅止步于模仿,由于自身的主体性,观察主体可能会受榜样的启发,从而在自己的活动中迸发灵感,激发创造性。对于新手教师的观察学习来说也不能仅限于模仿学习,而是在有意识地模仿学习的基础上进行抽象性观察学习和创造性观察学习,高水平的观察学习才能促进自身的专业成长。

现身说法

一位初任教师经过自己的努力,在入职半年以后,很快地适应幼儿园工作,她有这样的感受:

"转眼间自己到幼儿园工作已经6个月了,在这段时间里,自己真的收获很大。当初得知自己今年要带新小班时,心里还十分的忐忑,觉得压力很大。可真正接触了小班后,觉得并没有想象中的那么辛苦和"可怕"。在这期间,我在网上购买有关儿童心理学的书籍,在书本中先了解小班幼儿的生理心理特点,做到心里有数,然后向班级的老教师请教经验,模仿他们的办法照顾幼儿的生活。半年以来,我学习到了许多,也体验到了许多,带小班的滋味真是五味俱全,特别是刚开学的一个月里真的是特别的累,连续全天候的带班,配班,哄幼儿入睡,亲自为每个幼儿穿衣,换洗裤子,教他们学会上厕所、洗手,教他们怎样吃饭,有时还要擦洗幼儿的大便等,所要做的工作真的比其他年龄班的工作更麻烦、更琐碎。虽然很累,但我还是特别开心,时时告诉自己:"要坚持!坚持下来了,我收获了很多。""

2. 实践

教育教学具有艺术性,一般的教育教学理论知识必须向具体情境转化。基于幼儿的身心特点合理设计育人目标、活动主题内容,在教学实践中发现问题、研究问题、解决问题,要以改进实践、改进对实践的认识和改进实践发生、发展、变换了的情境、环境为出发点和归宿。实践能够使教师实现从教书匠到专家型教师的角色转换,进而教师职业的价值与尊严得以确立。比如幼儿园教师在指导大班末期幼儿的学习活动时,发现有一些幼儿不会握笔、写字姿势不正确,教师就可以"我怎样帮助幼儿养成良好的学习习惯"为主题进行研究。教师必须经常分析、洞察具体的教育教学事件的意义和实质,才能产生出相应的实践知识。

3. 总结

总结是幼儿园教师对某种实践活动进行回溯性的研究,将感性认识上升为理性认识,由局部"经验"发掘其普遍意义,探究事物发展规律的活动。它可以是幼儿园教师在教育实践中获得的从事教育活动的有效知识、技能,也可以是情感和情绪体验。总结应该是贯穿在幼儿园教师的工作全过程中的,它有利于提升自己的理论素养和专业素养。

4. 反思

教育部办公厅 2021 年印发的《学前教育专业师范生教师职业能力标准(试行)》中指出,学前教育专业师范生应当"具有反思意识和批判性思维素养,初步掌握教育教学反思的基本方法和策略,能够对教育教学实践活动进行有效的自我诊断,提出改进思路。"美国心理学家 G. J. Posner 提出教师成长公式:成长＝经验＋反思。反思对于一个人的成长具有重要的作用。对于幼儿园教师而言,反思主要涉及两个方面。

首先是自身情况。在实际工作过程中,要不断地去发现自己所擅长的领域和教育教学中的兴趣点。当幼儿园教师在完成幼儿园所布置的教学任务时,幼儿园教师可根据自身擅长或兴趣点来重点完成。如,要求园内幼儿园教师共同完成有关美术方向和语言方向的课题项目时,教师着重根据自己对这两个领域知识状况的了解情况、能力情况选择任务。此外,要善于总结并反思过去,结合过去发展情况,分析目前所处的教师发展阶段。从而减少不必要的压力与慌张甚至是傲娇,明确自己所处的发展阶段的特点,增强发展的信心。教师不断地对自己的成长过程进行反思,可以形成自己优秀的职业品质。

其次是教学活动中出现的问题。此类反思是自身情况反思的具体化,在教学过程中,不可预料的教学情况不断发生,特别是幼儿园教师的教育对象为儿童,更加需要幼儿园教师及时对课程和计划做出及时适当的反思,并做好生成性事件发生的准备。在反思中教育教学要求幼儿处于不断成长与进步的状态的同时,也带动教师不断成长,教师会越发成熟起来,使教学过程更优化,取得最好的教学效益。而且这种反思过程中,幼儿园教师将会更加认真对待正在完成的教学任务,在认真对待的过程中,更加了解自己的专业发展情况。明确自己的优势与劣势分别是什么,如何进一步优化自身的优点及弥补自身的缺点。从而对自身的专业发展有更加针对性的目标,从而采取认真的态度去执行目标,让思想意识和实际行动同时并有序地进行。

幼儿园教师专业水平的提升是一个持续的过程,是入职前学习与入职后培训相结合的过程,更是一个学习、实践、总结、反思、在实践的循序渐进的积累。幼儿园教师要参照《幼儿园教师专业标准(试行)》,分析自身专业发展情况,制定自身职业发展规划,不断提升自身的专业性与竞争力。

(四)幼儿园教师专业成长的阶段

幼儿园教师的专业化成长不是一蹴而就的,而是一个长期的过程。根据美国教育家 Lilian G. katz 的观点,幼儿园教师的专业成长一般要经过四年的磨炼性挑战和四个基本发展阶段。

1. 第一阶段：为本专业生涯的生存而适应的阶段

这一阶段大概会持续一年左右的时间。该阶段的教师常常为教学上的一些平常事问自己这样一些问题："今天我有没有漏掉一个孩子？""这个周末我能完成这项任务吗？""我真的能日复一日地做这种工作吗？""我能被我的同事所接受吗？"这些问题表明教师工作的第一年对教师而言是一个极具挑战性的时期，它意味着作为一名新教师对一个新天地急盼成功的愿望，同时面对复杂的教学情形与工作环境，教师个人的矛盾心理不断形成，困惑也随之产生。对于这一点，作为幼儿园的管理者和教师本人都要有清醒的认识。因为这不仅对幼儿园的教育与管理工作有意义，而且对于教师本人今后的专业成长与发展也具有重大的价值。一般来说，新教师对于自己所开始从事的这项职业，都怀有极高的热情、期盼和想象，这种良好的动机对于他们今后所要接触的幼儿生活、成为一名成功的教师都会产生积极的影响。然而，现实毕竟是现实，它不能替代美好的理想与热情。所以，从工作之初，每一位幼儿园教师要做好迎接艰苦磨炼与挑战的思想准备，一步一个脚印地培养起自己的耐心、毅力和坚韧的个性品质。

2. 第二阶段：具备了适应本专业能力的阶段

这一阶段相对应于从事幼儿园教师工作的第二年。由于经过了第一年的艰苦磨炼，大多数教师已具备了适应本专业的基本能力，开始关注提出问题的幼儿个体和教育教学中一些令人感到麻烦的情形。该阶段的教师常常会问自己这样一些类似的问题："我如何帮助一个腼腆的幼儿？""我如何帮助一个看上去不在学习的幼儿？"等。这时，教师的教育能力已从原来形式的层面开始转入与教育及幼儿发展切实相关的一些具体问题上。

3. 第三阶段：开始厌倦与幼儿一起做同样事情的阶段

这一阶段相对应于从事幼儿园教师工作的第三、四年。该阶段的教师已开始不愿与幼儿一起做事情，而喜欢与同事聊天、交流，看杂志，或通过各种途径搜索些其他信息，并开始关注本专业领域的一些新的发展，比如，"哪方面的研究（课题）谁在做？在哪里做？""他们有哪些新的材料、技术、方法和观点？"等。这时，教师的专业成长已开始进入到理论的层面。

4. 第四阶段：本专业的相对成熟阶段

这一阶段相对应于从事幼儿园教师工作的第五年，是教师专业成长的相对成熟时期。在该时期，教师已具有了足够的教育教学经验，并能够提出一些较深刻、抽象的，要求反省和探索性的问题。比如，"我的教育信条的历史和哲学基础是什么？""儿童成长与学习的本质是什么？如何做教育决策？"等。这时，教师的专业已开始升华到教育的精神层面，对于"教育"有了相对成熟的理解。

以上四个阶段的完成也并不意味着教师专业成长的终结，它只是从一般意义上做了共性和概括的描述。现实中，一位幼儿园教师的专业成长是一个极其复杂的、具有个体性、持续性的过程，这个过程是外在的社会因素，通过教师自身内部不断完善、更新、探索与发展的良好动机而不断向前延续和拓展的，并伴随教师整个的教育职业生涯。因此，一旦教师开始了自己专业生涯的"第一步"，就应该将这项计划与你当初的梦想一同进行下去。在教育教学中，你要努力使自己成为一个反思型的实践者，并使这种思考成为你生活中的一种习惯，经常有意识地对自己的教学行为、实践活动以及教学的有效性进行回顾、重建和重现，对自己的行为表现和幼儿的行为表现能用事实进行批判性的分析与解释，或者坚持每天写点工作日记，就个人参与幼儿成长活动当中的所见所想及一些幼儿发展中的问题，尝试做些观察研究。这些反思，不仅是优质教学、理论批判与发展的需要，而且对于你在进行社会比较时，平衡自己的心态，激发"热爱幼儿"这份深厚的教育情感，坚定个人的专业信念，也是十分必要的。

任务窗

任务卡 7-5

采访你实习班级的老师，请 ta 讲一个职业生涯中难忘的瞬间，并记录。

发生背景	
难忘瞬间描述	
难忘原因	
对你的启示	

二、个人专业成长规划

教师专业成长历程呈现出阶段特征,在专业成长的不同阶段,教师所面临的成长重点各有侧重,如职业适应期需要踏实肯干,虚心学习,在职业成长期需要把握各种锻炼自己的机会,对工作认真负责,严格要求自身等。教育部办公厅 2021 年印发的《学前教育专业师范生教师职业能力标准(试行)》中指出,学前教育专业的学生应当"根据学前教育课程改革的动态和发展情况,制定教师职业生涯发展规划。"因此教师需要明确自己的发展阶段,制定适合自身发展阶段的目标与规划,对自己的专业成长保持自觉状态,不断向着成为一名优秀的幼儿园教师而迈进。

任务窗

任务卡 7-6

精读一本职业生涯规划的书,写出对你进行职业生涯规划的 3 点启示。

书籍信息	书名:	作者:	出版社:

启示 1

启示 2

启示 3

建议书目:

(1)《职业生涯规划教育》,张杰,北京师范大学出版社。

(2)《幼师生职业生涯规划与就业创业指导》,肖成林、程杏荣,国家开放大学出版社。

(3)《幼儿园新手教师指导手册》,王芳等,中国轻工业出版社。

(一)设定职业生涯目标

幼儿园教师发展目标的确立,有利于形成专业发展愿景,教师可列出有限发展领域、短期目标与长远规划等。明确的目标可以成为追求成就的推动力和鞭策力,有利于排除干扰、集中精力实现奋斗目标。教师对自我未来的发展有了一个清楚的轮廓之后,再设定长期、中期、短期的具体目标。

短期目标通常是1年内所能完成的发展目标,是中期和长期目标的具体化、现实化和可操作性,是最清晰的目标。短期目标的制定以分析当前最需要解决的问题为基础。中期目标为2~3年,要与长期目标保持一致,内容具体,有比较明确的时间。长期目标是专业发展规划中持续时间最长的目标,它是指在5年以上的专业发展目标,设计时以勾画轮廓为主,通常不用太具体,内容可随着形式的变化而做调整。所以每位幼儿园教师应该思考自己想成为什么样的人,想取得什么成果。接下来,再考虑如何接近、实现这个远大的目标。确定长期目标要立足现实、慎重选择、全面考虑,使之既具有现实性又有前瞻性。

(二)拟定职业生涯方案

没有具体的行动方案,目标也只有画饼充饥的作用。幼儿园教师职业生涯规划目标的实现,需要一套具体的方案。幼儿园教师职业生涯规划方案的制定可以分为以下几个阶段。

1. 收集信息阶段

首先,要获取的是自我信息,如果不了解自己,就无从决定自己应从哪方面设计与努力,无从决定自己将来的工作重点、发展方向等,所以,幼儿园教师入职之初应做一些内在的调查研究,明确自己的想法,分析自我的优缺点,并学会克服缺点。如不能克服则选择接受自己的缺点,或者使自己的劣势成为自己前进的动力,而不是怨天尤人。其次,要获取社会信息,包括国家有关学前教育的政策法规,国内外学前教育的发展动态,现阶段幼儿园教师应具备的素质要求等。

2. 评估和选择阶段

一旦收集到了内在和外在的相关信息,就可以进行评估和选择。选择职业目标,确定发展方向,选择自己将来可以突破的强项或者特长作为行动重点,如自己在不同的发展阶段所关注的重点等。要从有利、最佳的观点去探究、评估自己的选择。

3. 制订方案阶段

一旦有了信息,有了分析,有了选择,接着要做的就是制定方案。方案的制定是一个不断修正、完善的过程,但首先必须有一个基本的、明确的、可操作性的方案,主要应该包括职业终极目标、职业阶段目标、职业定向与定位、不同时段的分期规划。应注意解决重难点问题、时间安排、实施措施与方法、困难预计、结果预期等方面的内容。

4. 采取行动阶段

有了职业生涯规划方案却不去行动,束之高阁,方案也就等同于一张废纸。幼儿园新任教师最容易出现的问题就是知行而未行,今日推明日,明日复明日,或者三天打鱼两天晒网,没有对照方案切实的采取行动。职业生涯规划的落脚点就是一步一步按照方案去实施,这样最终才会实现所制定的目标,这是一个艰苦的过程,也是一个快乐的过程。细节和过程决定成败,所以幼儿园教师要时刻提醒自己,脚踏实地,一步一个脚印地走好自己的路。

5. 修正和完善阶段

幼儿园教师职业生涯规划方案并不是一成不变的,任何人都不可能准确无误的预知自己的未来,世界上也不可能有使用几十年而不调整的职业生涯规划方案,在不断的行动过程中,幼儿园教师往往会获取更多的信息,或者其内在、外在条件发生了变化,这时就需要自己及时对方案进行调整,逐步做到完善:修正、完善职业生涯规划方案伴随着整个职业生涯规划的全过程。

上面说的几个步骤,就是"5W法则",即

Who are you? 你是谁?

What do you want? 你想要什么?

What can you do? 你能干什么?

What can support you? 环境允许你做什么?

What can you be in the end? 你最终的职业目标是什么?

回答了这五个问题,并找到它们的契合点,那么就有了自己的职业生涯规划方案。

任务窗

任务卡 7-7

尝试制定一份你的3年职业发展计划吧,同时畅享一下自己10年的职业目标。

	职业生涯目标	毕业时间	目标	备注
制定职业发展规划	短期目标	第1年		
	中期目标	第2年		
		第3年		
	长期目标	第10年		

续 表

SWOT目标分析	实现目标的优势（个人）	
	实现目标的劣势（个人）	
	实现目标的机会（环境）	
	实现目标的障碍（环境）	

（三）规划行动措施

制订具体的职业生涯规划书并不意味着职业生涯的成功。没有行动的规划等于无规划。由于幼儿教师的教育对象的特殊性，往往使教师每天在重复烦琐的工作，陷于慌忙与紧张中而无法将一件事进行到底。在规划行动措施时，可以从以下几个方面考虑。

1. 提高职业道德

幼儿园教师出入职场，应注意自己的言行，做到为人师表；应关心和爱护每一个幼儿，要以自身的魅力去感染幼儿，让他们在一个快乐、轻松的环境下学习，做一个快乐的人。同时，认真参加关于教师的继续教育培训，培养良好的职业道德。

2. 提高专业素质

以幼儿为中心，熟悉幼儿园的一日生活流程，努力加强自身基本功的训练。首先，要经常进行教学反思。反思习惯的养成是确保教师不断再学习的最基本条件，教师可以在个人反省或者集体反省过程中，发现自己及他人的优缺点，从而拓宽专业事业，激发不断追求超越动机。可以通过勤写教学笔记，不断对自身的教育教学进行研究，对自己的知识与经验进行重组，解决自身在教育教学中遇到的问题。努力开饭新的课程资源。其次，要学会利用多种途径向专业人士学习，如讲座、座谈、阅读著作等，不断提高自身的理论与实践水平。

3. 终身学习

《职业能力标准（试行）》（2021）中指出，学前教育专业的学生应当"了解教师专业发展的要求，具有终身学习与自主发展的意识"。牢固树立终身学习的观念，随着社会一天天的发展,现代教师面临着越来越多的挑战。教师担任教书育人的重任,更应该不断学习新的知识,才能适应社会的变化。现代教师所面临的挑战,不但具有高度的不可预测性与复杂性,而且越来越找不到一套放之四海皆准的通则。因此,要加强理论的学习和技能的训练,如学会制作实用而精美的课件等。另外,要多阅读文学书籍,使自己的文学修养能不断提升。

任务窗

任务卡 7-7

请写出几个你熟悉的"大咖"主动学习的故事。

	"大咖"的个人信息	故事	启示
1			
2			
3			

温馨提示: "大咖"可以是你在学校的专业课老师,也可以是你的班主任辅导员或者班里的学霸,或者你在实习期间遇到的领导老师。

4. 加强专业合作

《职业能力标准(试行)》(2021)在提及学前教育专业学生的自主发展能力时提到,应"理解学习共同体的作用,掌握团队协作的基本策略,了解学前教育的团队协作类型和方法,具有小组互助、合作学习能力。"事实证明,一个人的发展离不开专业引领,有了专业的学习和指导,往往能事半功倍。幼儿园教师应当认真谦虚地向师傅和其他有经验老师学习,每个星期争取多的听课时间,主动邀请自己师傅和其他老师来听自己的课,虚心听取他们的意见,主动学习他们好的教育教学方式,并运用的在自己的工作中去。

任务窗

任务卡 7 - 9

还记得本章开头的自测表吗?学完本章,再来做一下吧。请根据自己的实际情况作答。

序号	下面哪种情况最符合你的想法呢?	自我评价(请选择最符合的一项打"√")
一	对教师职业的性质和特点有初步了解,认为教师职业是各类社会职业中的一种。	
一	教师职业就是根据自己掌握的保教知识,完成各项具体的教育教学工作。	
一	能达到幼儿园规定的各项工作要求和工作规范。	
二	觉得教师职业比较特殊,有较强的专业性,要做一名优秀的幼儿教师需要系统学习教育教学理论知识和其他相关知识,在反复的实践中不断实现专业发展。	
二	在与幼儿的交流中,有时也能体验到做教师的幸福感。	
三	充分认识到幼儿教师职业有不可替代的历史使命和社会责任,具有坚定的专业精神,正在一步一步实践自己的职业理想。	
三	在保教工作的每一个环节中都以幼儿为本,关注个性差异,尽量满足每个幼儿的发展需求。	
三	钟爱教师职业,十分投入教育教学工作,善于学习、勤于思考。	
三	在教育教学过程中体验到为幼儿成长服务的成就感。	
四	十分清楚幼儿教师是一个需要终身学习的职业,所以始终坚持专业学习,不断提升专业素质,学习已成为自身日常生活和工作的一种方式。	
四	认为教师专业发展的最高境界是爱岗敬业、关爱幼儿,注重立德树人。	
四	总是能根据幼儿的差异适时调整教育教学策略,促进其全面发展。	
四	充分享受工作带来的乐趣,认识到教师不仅是一份职业,更是一份事业和一份责任。	

温馨提示:做完之后,有没有发现自己的改变呢?希望你能更好地理解了职业专业发展,对于今后要从事的幼儿园教师职业也有了更清晰的规划。

参考文献

[1] 中华人民共和国教育部.教育部关于印发《幼儿园教师专业标准(试行)》的通知[Z]. 2012-09-13.

[2] 中华人民共和国教育部.关于加强幼儿园教师队伍建设的意见[Z].2012-09-07.

[3] 中华人民共和国教育部.教育部关于加强师范生教育实践的意见[Z].2016-03-21.

[4] 中华人民共和国教育部.教育部关于普通高等学校师范类专业认证实施办法(暂行)》的通知[Z].2017-10-26.

[5] 中华人民共和国中央人民政府.中共中央国务院关于全面深化新时代教师队伍建设改革的意见[Z].2018-01-31.

[6] 张燕.幼儿教师专业发展[M].北京:北京师范大学出版社,2006.

[7] 张建岁,霍习霞.中国学前教师专业标准岗位达标实训[M].上海:复旦大学出版社,2012.

[8] (美)贝蒂.学前教师技能[M].稽珺译.南京:江苏教育出版社,2011.

[9] 蔡春美,洪福财.幼儿行为观察与记录[M].上海:华东师范大学出版社,2013.

[10] 卢伟,李敏.反思性实践:学前教育见习实习指南[M].北京:北京师范大学出版社,2015.

[11] 张念宏.中国教育百科全书[Z].北京:海洋出版社,1991.

[12] 顾明远.教育大辞典(第二卷)[Z].上海:上海教育出版社,1998.

[13] 王焕勋等.实用教育大词典[Z].北京:北京师范大学出版社,1995.

[14] 高敬.幼儿园教育见习与实习指导[M].上海:上海交通大学出版社,2018.

[15] 虞永平.幼儿园课程[M].北京:高等教育出版社,2014.

[16] 刘秀华.教师观察笔记现状及改进对策[J].武汉市教育科学研究院学报,2006(008):17-19.

[17] 田巍巍.幼儿成长档案袋应用现状研究[D].辽宁师范大学,2018.

[18] 陈婷.幼儿园随班就读儿童成长档案袋评价研究[D].云南师范大学,2020.

[19] 白芳.教育叙事成为教师成长内驱力的研究[J].科学咨询(教育科研),2020(020):49.

[20] 王艳萍.幼儿园教师教育叙事研究的现状调查与对策探讨[D].福建师范大学,2018.

[21] 陈振华.教师情感管理的意义与方式[J].教育科学,2013(04):78-83.

[22] 李进.教师教育概论[M].北京:北京大学出版社,2009.
[23] 马雪琴,马富成.教师专业化视角下的幼儿园教师教育问题探析[J].天津师范大学学报:基础教育版,2013,14(3):69-72.
[24] 张元.试析幼儿园教师专业化的特征及其实现途径[J].学前教育研究,2003(01):50-52.
[25] 林崇德,申继亮.教师素质论纲[M].北京:华艺出版社,1999.
[26] 常宏.幼儿园教师的专业成长与发展阶段[J].早期教育,2004(003):14-15.
[27] 董雨果.卓越幼儿园教师专业成长个案研究——以三位特级幼儿园教师为例[D],2019.
[28] 聂永贺.学前教育专业学生教师职业认同及影响因素研究[D].沈阳师范大学,2019.
[29] 肖成林,程杏荣.幼师生职业规划与就业创业指导[M].北京:国家开放大学出版社,2018.